JN050111

焚き火の作法

寒川 一 = 著

火のある時間と空間が
焚き火だとすれば、いつどこでとなるだろう。
では、それを誰と共にするかを考えてみる。
もちろん、自分という誰かとだって構わない。

森の中にて、無心で薪を拾い集める。
僕は自分で歩いているようで薪に歩かされている。
あちこちと点在する薪を拾ってはログキャリーにおさめる。
大きな森の中で、僕は火を焚くためにせっせと働く。

火という字は燃え上がる炎の形からできた。
底に熾火がしっかりできて、
無風で酸素がたっぷりと、
条件が揃ったときにだけこの形はあらわれる。
それに気づいてから、
僕は焚き火に火という字を追っている。

炎を見つめているうちに
眼の焦点はぼやけて何を見てるのかわからなくなる。
そのときに五感の扉が開いて、
『見る』から『感じる』にシフトする。
これを味わってしまうと、もう焚き火の虜（とりこ）だ。

はじめに

　焚き火が空前の人気だ。焚き火を生業としてきた自分にとっては苦節十数年、ついに時代がきた！　と喜ばしい限りのはずなのだが、どうやら手放しでは喜べそうにない。急激に焚き火人口が増え、少なからず問題も起こっているようだ。ブームというものは多くの人が注目するチャンスではあるが、それは必ずや廃れ、なんらかの影を落とす。焚き火が文化に昇華するには勢いだけのブームでは駄目だ。そんな折りに本書を作る機会を得た。自然の摂理や循環に沿った焚き火、子どもたちに継承できる焚き火、準備から仕舞いまで美しく終えられる焚き火、それらは未来に焚き火を残すために必要な焚き火像だ。

　茶の世界にならい、それらを作法としてとらえてみた。茶の湯の茶道ならぬ、火の美を追求する火道として考えてみようとまとめてみた。その精神は『美しく小さな焚き火』。瞬間的に燃え上がって燃え尽きてしまうものではなく、少しづつ燃料を継ぎ足して絶やさないように焚き続ける焚き火だ。永く楽しく続けていくうえで、知ってほしい

知識や考え方がある。本書はそこを軸にしたい。

　その一方で、焚き火は画一的ではない自由なものであってほしいとも願う。焚き火の本質を損ねない作法を目指したい。そして本書で示すものが焚き火の正解ではないこともご理解いただきたい。これらはあくまで寒川流だ。お茶の作法にも意味があり、わからないうちは型をなぞる。そのうち理解し、その精神を自分に取り入れて自分の内側から型を作り出せばいい。あなた自身の焚き火を作り上げる参考ガイドとなれば幸いだ。

　本書は火の熾し方から焚き火をする意味や理由を記している。実用をはじめ、哲学や科学に至るまで余すところなく注ぎ込んだつもりだ。それには主観も客観もさらには妄想までもが含まれる。読むに足らないと思われるページは焚きつけにでも活用してもらえればいい。これから焚き火を始めてみたいと思う人も、これまで焚き火をし続けてきた人にも、本書が炎を愛する人たちの焚きつけ役となってくれることを願っている。

2021年 8月　　　　　　　　　　　　　寒川 一

CONTENTS

CHAPTER 3　**Make Fire**
火を熾そう

THEORY　【理論編】

PREPARATION　【準備編】

CONTENTS

CHAPTER 1

Beautiful Bonfire

美しい焚き火をしよう

どうせ火を焚くなら、美しく焚こう。

燃やされる薪も、空気も、そう望んでいるはずだ。

そこに人が燃やす意味がある。

火を手に入れてから数えきれない夜を、

人はこの火だけを見つめて、ずっとずっと生きてきた。

焚き火は
茶道と
つながるものがある

つながるのは、
野点という野外で楽しむ
お茶の世界があるからだ。
野外で火を熾し、道具を愛でて
風の中で一杯のお茶を楽しむ。
焚き火にも軽やかな遊び心と
知識や経験が必要だ。

TAKIBISMというブランドを一緒に手がける槙塚鉄工所で試作された、鉄の急須とシェラカップ。

焚き火を一定のスタイルで長年やっている。それは「焚火カフェ」というサービスで、はじめてかれこれ16年になる。焚火カフェの詳しいことはまた後述するが、僕が焚き火のあれこれを用意してお客さんをもてなす、というものだ。焚き火台をはさみ人と向き合うのは、どこか茶道の空間とも似ている。そこで拾った流木で火を熾し、湧き水を沸かし、コーヒーを淹れ、リンゴやホットサンドを焼き上げる。多くは海辺で行うので季節や天気に大いに影響される。自分の経験則を集めて火加減の調整、焼き具合の塩梅に集中する。そして日没のタイミングに合わせてコーヒーを出すよう心がける。すべてはお客さんに満足していただくためだ。

そんな中で焚火カフェに参加いただいたお客さんから「お茶席のようですね」とか「いいお手前でした」など言っていただく機会が増え、自分でも意識するようになった。恥ずかしながら茶の湯の心得はまったくなく、詳しい知人から話を聞いたり、本を読んだりしてみた。

なるほど、まずは道具がお茶の世界を想起させる。焚き火の道具もいろいろとあるが、シンプルなものが好きだ。できれば鉄がいい。そして小さくて華奢なものほど大切に取り扱いたい気持になる。自在鉤を兼ねた火吹き棒をオリジナルで作っているが、作る過程で意識したのが千利休の自在鉤だ。昔の多くの自在鉤は太く無骨なものが多い。大きな鉄鍋を下げたりするのだから、相応の頑丈さが問われる。しかし利休のそれは小さな鉄瓶を火にかけることに特化しているからか、細い竹で華奢な作りだ。それがなんとも格好いい。そんなイメージを火吹き棒にも重ねた。そして同じく細い三脚に火吹き棒を取りつけて、鉄のヤカンを吊り下げて焚き火台に乗せると野点のためのしつらえに見えてくる。

普段は海辺で提供するサービスの焚火カフェだが、野点をイメージして森の中に茶席をしつらえた。

所作はどうかというと無駄のないようにしたい。その日燃やす木は目的や時間に応じて多すぎず、少なすぎず用意し手元に配置しておく。次に起こることを予測して手順を考えておく。その場の風を読み、雲を読み、湿度を読む。周囲と対話するように焚き火を進める。

茶道の心は、自然や宇宙と一体になることを目指すとされる。千利休は茶の湯の真髄とは「茶は服のよきように点て、炭は湯の沸くように置き、夏は涼しく冬は暖かに、花は野にあるように生け、刻限は早めに、降らずとも雨の用意、相客に心せよ」と説いている。

そして建築、造園、書、歴史などを学び、自分の領域を掃き清め、季節を愛でて他人を招き入れることとも。つまりとても知的な外遊び、ということなんだと理解する。

焚き火をするのに、燃やす木を知り、土地を知る。焚き火台に拾った石を円形状に並べ、その真ん中に火を灯すことはその場所と焚き火との調和であり、どこか小宇宙を感じさせるものだ。ただし完璧を求めず、その場に起こるハプニングを楽しむアドリブ精神も持ち合わせたい。そして存分に楽しんだあとはきれいな仕舞いも忘れてはならない。そんなことをイメージして今日もコンパクトで華奢な道具を携えて野で小さな火を焚こう。

焚き火も茶道も、自然や宇宙と一体になることを目指している

僕らの先祖が初めて火を手にしたときのことを想像してみよう。

最初は火山の爆発や落雷なんかによる火災で偶然に手に入れたのかもしれない。その赤く踊るものが体を温め、闇をも照らす。それは本当に革命的で驚いたに違いない。しかしそれを長く手元にとどめる術がない。どうにかあの素晴らしいものを自分たちで熾したいといろいろと試行錯誤をしただろう。

偶然に手に入れてから自分たちで熾せるようになるまでは数万〜数十万年の月日が流れている。そうして苦労の末に手にした火は人類の骨格をも変え、社会を大きく発展させた。何十万年前から50年ほど前までは人類と焚き火の関係は続いたのだが、今日では焚き火を日常生活においてほとんど目にすることはない。

火事、火傷、大気汚染……、危険で迷惑なものとさえ言われることがある。アウトドアの世界でも1980年代後半に起きた一大アウトドアブームでは無秩序な焚き火をする人たちが急増

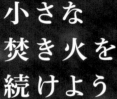

小さな
焚き火を
続けよう

小さな火を焚き続けるには
テクニックが必要だ。
そしてそれを続けるための
意義や意志を持ちたい。
これまでのこと、
これからのことを一緒に考えよう。

し、環境悪化を理由に多くのキャンプ場では直火による焚き火が禁止されることになる。しばらく焚き火の暗黒時代が続き、1990年代後半、ついに焚き火台なるものが発表される。そこからゆっくりと焚き火人気が回復し、第二次アウトドアブームと呼ばれる現在につながる。今では焚き火台は無数とも思えるほどの種類があり、キャンプ場に行けば焚き火をしていない人のほうが珍しいくらいだ。小さな焚き火台から大きな焚き火台まで、人数や用途に合わせて選べる時代にもなった。

　僕が焚き火を始めた頃はまさに1980年代後半、世の中に焚き火台というものはなく、とにかく広い場所で大きな流木や倒木を集めては大きな火を焚いた。ワイルドなアウトドア、それが時代的にも格好いいとされていたような気もする。しかしながらそこに残るのは燃えきらなかった焦げた木片と炭や灰である。けっして気持ちよくはなかった。仲間内での取り決めでなるべく何も残らないように可燃ゴミと共に持ち帰ったが、実際そういう焚き火をしていた。そのうちに世間で直火が禁じられるようになってからあまり焚き火はしなくなってしまった。残念であ

るとともに心のどこかでホッとしたものも感じていたかもしれない。その数年後にたまたま入ったアウトドアショップで初めて焚き火台を目にしたときは正直驚いた。こんなにコンパクトでスマートな焚き火台というものが誕生していたことを僕は知らなかった（今みたいにたくさん情報のない時代だからね）。これを使って再び焚き火をしてみようと思った。それが20年前くらいのことだ。それからというもの、焚き火台の中で火を熾し続けた。昔味わったワイルドな野火とはほど遠いものだが、それでも炎は変わらず優しく、さまざまな恩恵を与えてくれる。これならずっと続けられると感じたのだ。

　今、多くの人が焚き火を求めている。急速に伸びる需要は成熟する隙間を与えない。そして世間は焚き火から遠ざかっていた時間が長く、想像以上に炎や煙に対する耐性がない。目的を逸脱した過度に大きな火は自然や人に与える影響も大きく再び焚き火を封じてしまうことになるかもしれない、と過去の自分が警告する。

　今は小さな火を焚こう。そして絶やすことなく焚き続け、次の世代にこの人類史上最高のツールを手渡そう。

今も昔もこれからも、炎は変わらず優しく、
さまざまな恩恵を与えてくれる

焚き火は
きっと
縄文時代から
愛されていた

堅穴式住居をテントに見立てててタープを連結してみた。

5000年前の縄文時代には
現代のアウトドアに通じる
時代の成熟感や
遊び心があると感じていた。
プリミティブとクリエイティブが
同居していた時代の検証を、
堅穴式住居で焚き火ができるという
夢のような機会を得て実践してみた。

　縄文遺跡の竪穴式住居に泊まれる機会を得た。新潟県糸魚川市にある長者ヶ原遺跡でアウトドアイベントを行うというユニークなものだった。その名も「縄文キャンプ」。縄文時代の火熾しや土器づくりなどを学び、竪穴式住居に体験宿泊をして立体的に縄文時代に触れようという企画だ。僕も長者ヶ原の考古館の学芸員と一緒に、現代のアウトドア道具を用いた火熾しや浄水などを体験いただくワークショップを実施した。その前夜に竪穴式住居に宿泊した。名誉なことに日頃から火の取り扱いに十分慣れているという前提で中で火を焚く許可もいただいた。

　学芸員によると復元された茅葺き住居の保存のため、定期的に中で火を焚いているとのことだった。確かに炉には燃やされた跡があった。調子に乗って自前のタープも前室的に取りつけていいかを尋ねるとそちらも建物を傷つけなければ、とお許しをいただいた。この竪穴式住居は見るからにテントのようなデザインだと感じていて、この住居にタープを連結してみたいと妄想していたのだ。実際に取りつけてみると、イメージ以上のマッチングだった。縄文時代と現代アウトドアの融合が実現したのだ。

　屋内はどうかというと、10畳ほどのスペースの床の真ん中に炉がある。長方形で使い勝手がよさそうだ。これも実際に縄文時代に使われたものだ。この炉を中心に生活のレイアウトを組んでみた。コットではなく北欧のトナカイの毛皮を床に敷くなど、縄文のムードに沿って過ごしてみたいと思った。

　ひと通りの準備が整ったところで、炉に火を熾した。5000年前の縄文人がまったく同じ場所で火を熾していたと考えると興奮するものだ。火が入ると薄暗かった屋内は電灯が灯ったよう

竪穴式住居は焚き火をするための構造だった

に明るくなり、特に空気を吹き込むわけでもないのに火が勢いよく真上にのぼっていく。しばらくしてこの建物の構造が火のためにあるのではないかという考えに至った。入り口は狭く、中は空洞で高い天井に排煙穴がある。屋内の真ん中で火を焚くことによって建物全体に対流が起きているのがわかる。面白いように燃えるし、建物全体が生き生きと活動するのが感じられる。生き物のように燃える火にしばらく見惚れてしまった。そして外から眺めると小さな入り口から焚き火の灯りがあふれ、なんとも情緒的で優しい人の営みを感じることができる。焚き火は実用のみならず縄文期の最高のエンターテイメントだったに違いない。すべては炎を中心にレイアウトやデザインがなされている。これは見

学だけでは決して感じ取れなかったことだ。

その証拠に、あふれる灯りに吸い寄せられるようにワークショップのスタッフや学芸員が一人二人と集まり、気がつけばたくさんの人で火を囲んでいた。縄文時代も今も、人が惹きつけられるものは変わっていないのだ。

炎があれば自然と人が集まる。火を中心に社会ができたというのがよくわかる。

大勢で囲む焚き火も楽しいが、
一人でじっくりと火を見つめ
ていたいときもある。そんな
とき、火は向き合ってくれる。

視覚 1

五感で
感じる
焚き火

火を見つめる行為は
人間の本能的なものだ。
火があればつい見入ってしまう。
炎のゆらめきに誘われて
見つめてるうちに
焦点は炎のより奥側へと移り、
気がつけば自分の内側を
見つめていることもある。

視覚 1

月夜と焚き火の
寒暖色のハーモニーが
最も美しいかもしれない

　五感で焚き火を感じ取る多くは、視覚によるものだろう。炎を見つめるという行為は人間の本能と言ってもいいくらいだ。これまで人類はどれくらい火を見つめてきたのだろうか。

　色は大きく暖色と寒色に分かれる。暖色とは赤、橙、黄色といったもので炎の色そのものだ。一方で寒色は青、青緑、青紫などで冷たい水を想起させる。元来配色された色で火はすでに暖かさを内包しているし、暖かい炎の色から暖色と名づけられたのかもしれない。いずれも世界を彩る色の大きな構成を炎が占めているのは事実だ。その色に加えて炎の形だ。薪の材質、組み方、風、湿度……、さまざまな要因で炎の形は変化する。というか一定にとどまることはない。燃え盛る薪の内部では分子レベルの化学現象が絶え間なく繰り返されており、その総体としての炎には言葉では説明しきれない、いくら見つめても見極められない奥行きがある。見えないものへの想像力。それは天体に似た宇宙的とも言えるし、遠い過去や未来につながる時空

を操るタイムマシンのようにも感じる。

　そんな気持ちもあって満月の夜に火を焚く「満月焚火」なるイベントをやっていたことがある。陽があるうちに東西に開けた浜辺に出かけて火を熾す。沈みゆく夕陽を眺めながらの焚き火もいいものだ。そしてしばらくすると東の空が明るくなり月がのぼってくる。あたり一面が赤い世界から一転、青い世界へと変わり、そこに焚き火の暖色が差し色となり、そのハーモニーが本当に素晴らしいのだ。焚き火が最も美しく見える情景のひとつだと思う。

　また新月の焚き火も美しい。漆黒の闇夜に一点だけゆらぐ灯りは精神的にも支えとなり火の持つ意味や存在感がクローズアップされる。同様に雪の中や小雨の中も映える。静かな自然の営みと焚き火の相性は抜群にいい。

　「焚き火は森のテレヴィジョン」という田淵義雄さん（作家）の名言もある。何かを焼いたり温めたりするのではなく、ただぼんやりと眺めるためだけに火を熾す。そんな焚き火も素敵だ。

火という字に似た鋭角な頂点を持つ焚き火に憧れる。美的な心をくすぐるものがあるように思う。

雲竜型

　焚き火の炎の形は変幻自在だが、焚き火台で火を熾すとき僕の炎作りのイメージは大きく2つのものに分かれる。それを相撲の横綱の土俵入りの型にたとえて名づけている。

　ひとつは三角錐の形に炎が燃え上がり、その頂点が天にのぼっていくような「雲竜型」と呼ぶものだ。先にある程度の薪を燃やして熾火にしてから火床を作り、その上に立体的に三角錐になるように薪を組み上げていく。そして中心部の熾火に向かって火吹き棒で息を吹き込めば、組み上げた薪に炎が移り、薪に沿って燃え上

がっていく。四方八方から上昇気流が巻き起こり、束となってねじれた炎が天に向かって放散されていく。その様は見ていて飽きることがない。この形が自分の中では最も焚き火らしくて好きだ。たいてい無意識にこの形に仕立てることが多い。

　雲竜型は炎の高さが出るので灯りとして使いたいときにいい。また熱の放散も大きいので素早く暖を取りたいときにも効果的だ。組んだ薪は崩れやすいのだけど、崩れたらまた新たな三角錐を組み上げる。その手間さえも楽しいのだ。

不知火型
（しらぬいがた）

素朴だがゆるぎない安定感があり力強さを感じる。同じ火でも形によって印象は大きく変わるものだ。

もう一方で炎が横に広がり安定感のあるものを「不知火型」と呼んでいる。これも先に火床を作り、その上に並列に薪を並べる。薪の隙間から下の熾火が見えるようにする。それぞれの隙間から炎が立ち上がり、ひとつの大きな炎になる。管理も薪を足すだけなので簡単で崩れにくい。太い薪を並べれば五徳代わりとなり、鍋やヤカンをかけることもできる。大きめの焚き火台があれば同時に複数の調理もできる。これは調理に向く焚き火と言えるだろう。

風が吹く方向と平行に薪を並べると空気を吹き込まなくても常に火は安定している。

雲竜型と不知火型を目的に合わせて使い分ければいい。例えば先に不知火型に組んで、料理を作る。お湯を沸かし、鍋で煮込み、フライパンで炒める。調理が済んだら薪を組み直して今度は雲竜型に変えてみる。火を囲む皆の手元や顔が照らされて膝なんかも暖かい。食事が終われば、さらに雲竜型を極めるのに注力し、美しく立ちのぼる炎を眺めながら一杯やるというのはどうかな。欲張りな僕は2台の焚き火台を並べて実用の火と鑑賞の火を同時に楽しんでみたい。

聴覚

五感で感じる焚き火

焚き火を聴くというのは案外
難しいことかもしれない。
たくさん聞こえてくる音から
何かに焦点をあてて、
心の中でクローズアップしてみる。
目を閉じて焚き火を感じてみよう。

「パチパチ」「メラメラ」「ボーボー」。焚き火の燃える音や様を表した擬音語だ。視聴という言葉がある。情報としてものごとを受け止めるのに大切な視る、聴くという要素。焚き火を楽しむ2番目の感覚（センス）が聴覚だろう。

約半年にわたってテレビの焚き火番組の火作りを担当したことがある。8Kと呼ばれる超高画質の映像で撮られていて、その解像度は実際の目に見える以上のものだった。実際の目では迫れない映像が何台ものカメラによって撮影された。そのとき音声さんがこだわっていたのが、焚き火の音である。指向性の高いマイクで丁寧に音を拾うとそれはパチパチという音だけではなく、シューッという薪から蒸気を発している音やポンポンといった小さな破裂音のようなものが聞こえてくる。視覚と同じようになかなか聞こえない音があるのだ。それらにパチパチと爆ぜる音やゴーッと燃え盛る音が加わり、総合的に焚き火の音はできあがる。焚き火の音は思いのほか多重で立体的である。その音声さんから僕の焚き火は音でわかると言われたことがあった。番組で焚き火を担当する人は僕を含め

自分たちのほうがいかに幅の狭いレンジでしか焚き火を感じ取れていないのかを思い知った。きっと心の中には美しい炎の像があるに違いない。何かを失うことは一方で何かを得るということでもあって、その結果、知覚全般が向上したのではないだろうか。感覚を鋭敏に研ぎ澄ますことがいかに大切かを学んだ。

焚き火の音には視覚同様に1/fゆらぎという一定のようで予測できない不規則なものが含まれていて、それが鎮静効果を与えるとも言われ

焚き火の音には鎮静効果があり、心を落ち着かせてくれる

3人いて、彼女はそれを音で聴き分けることができていたという。とても興味深く思った。わずかな違いをキャッチするには感受性というレシーバーを磨くしかないのだと思う。

以前、焚火カフェに目の不自由な方がいらしたことがある。焚き火が楽しめるのか不安だったが、いざ始まるとそれは杞憂にすぎないことがわかった。僕らより遥かに感度の高い聴覚や嗅覚をもって本当に火を楽しんでいることが伝わってきた。全身で焚き火を楽しんでいる様に

ている。波の音、川のせせらぎや鳥の声にも同様な自然界の不規則リズムがあるらしい。音だけでも心が落ち着き、気持ちを癒してくれる。自然界の持つ不思議な力のひとつだ。

焚き火を前に目を閉じて耳を澄ましてみよう。そして聞こえてくる音をひとつひとつ心の中で膨らませてみる。コウモリが超音波を出して形を認識するように立体的に音をとらえられるようトレーニングしてみる。聴覚を鍛えることで、閉ざされていた領域が開けるかもしれない。

味覚 3

五感で感じる焚き火

焚き火料理にハマると
バーナー料理には戻れなくなる。
ダイナミックさだけではなく
火を扱う難しさと、
焚き火ならではの旨さがあるからだ。
焚き火と仲よくなればなるほど、
おいしい思いをさせてくれる。

　焚き火をするならなにかしら調理もしたいものだ。焚き火で調理していると、何を作っているんだと声をかけてくる人も少なくない。焚き火にできる調理法は焼く、炙る、燻す、煮る、蒸す、炒める……、その中でも焚き火（炭火）の得意とするのは遠赤外線を使った調理だ。ガスの炎にはない遠赤外線とはなんだろう。

　それは電波のような波長である。この波長が物質にあたると物質の分子を振動させる働きがある。分子同士が振動することで摩擦熱が発生し、それが熱源となる。外がそれほど焦げてもいないのに食材の中までしっかりと火が通る理由はここにある。いわば天然の電子レンジとも言える。もちろん、焚き火は炎という熱源があるので直接火にあてると熱で表面が焦げるが、少し離したところに置いておくと炭火から発せ

られる遠赤外線でじんわりと中に火が通る。遠赤外線は風の影響も受けないし、四方に飛散する電磁波だ。この性質を利用して強烈な炎の熱で調理するもの、遠赤外線でじっくり時間をかけて仕上げるものを同時に作ることも可能だ。

　僕は焚き火の初期には強火で炒める調理を、中盤では安定した火力でじっくりと煮物料理などを、そして終盤では小さくなった熾火で炙りものを、といったように焚き火の炎の推移と性質に合わせた調理をするようにしている。遠赤外線でじっくり炙りたいものは序盤からやや火から遠ざけて設置しておいて、最後に仕上げるといった感じだ。この流れに合わせてメニューを考えたりもする。

　もうひとつ焚き火を味わうのに煙がある。煙は焚き火の中では結構嫌われ者だけれど、煙に

憶でもあるのだ。僕はそのことを思い出すように、焚き火ではできるだけシンプルな料理を作る。調理具も使わずに直接炭の上に肉を乗せてみたり、わざと不燃焼を起こして煙を出して、思いっきり食材にまぶしたりしている。多少の灰や焦げつきは気にしない。焚き火料理は下ごしらえや特別な味つけなどしなくともたいてい旨いものになる。火加減と食材に対する調理方法を大きく間違えなければ、そう失敗することはないはずだ。焚き火料理にはそれぐらい寛大な気持ちも必要なんだと思う。

　最後に、火加減をしながらの調理はなかなか難しいことだとつけ加えておく。ガスコンロのように簡単に火力調整ができないからだ。慣れないうちは誰かに火力調整役を頼むか、いった

ソーセージを炙るときは、皮が割れて肉汁が漏れ出ないよう、ギリギリの距離感を探る。

は抗酸化作用があり、物質の腐敗を抑える効果がある。燻製料理は食材の水分を抜きつつ、煙の抗酸化作用を利用して保存食へと仕上げていく。またスモーキーという言葉があるようにフレーバー（調味料）のひとつでもある。

　このふたつの要素が焚き火に素晴らしい味覚

焚き火の味覚はそのまま人類進化の記憶でもあるのだ

を与えてくれる。人は火を得たことで加熱殺菌と、煙による防腐作用も手に入れた。そして旨いという感覚も。それによって植物性の食材に加えて動物性タンパク質を摂取できるようになり、脳が著しく成長して体を支える骨格が強化された。焚き火の味覚はそのまま人類進化の記

ん火を大きくしてから始めてみよう。僕は火吹き棒と小枝などの燃料、食材、調味料、調理具、皿などをすべて傍に置いてから調理にかかる。たまに手が3本欲しいときもあるのだが（笑）、この曲芸にも近い技が身につくと焚き火料理は病みつきになるはずだ。

嗅覚 4

五感で感じる焚き火

匂いの感性は千差万別だ。
いい匂いと思うものが、
人には臭いと感じたりもする。
焚き火には欠かせないこの匂いと
どうつき合うかも焚き火を楽しむ
大きなポイントとなるだろう。

　焚き火の匂いは強烈だ。特に濡れた衣類など についた焚き火の匂いは簡単には取れない。僕 は仕事柄、いろいろなものに焚き火の匂いが染 みついている。ジャケット、ブランケット、車 の中……。一度娘にメガネが焚き火臭いと言わ れたこともある（笑）。焚き火をはじめてする 人でも匂いへの反応ははっきりと分かれるよう に思う。まるで浮気がバレないように焚き火の

臭気を徹底的に消し去ろうとする人もいれば、と きどき箪笥から匂いの染み込んだ衣服を出して は顔を埋めて深呼吸するくらい好きな人もいる。
　個人的には焚き火の匂いが大好きだ。木の焼 ける匂いを一度も不快に思ったことはないし、 消し去ろうと努力した覚えもない。ただ人に よってはこれを臭いとおっしゃる。こればかり は感性の問題だからどうすることもできない。

燃やす材を選んで香りを楽しむなんて贅沢な世界だ

焚き火の匂いが原因で苦情が出たり規制が生まれた事実がある。

僕はとりわけ果樹を燃やすのが好きだ。甘い香りの煙が漂う。これは葉巻やウィスキーなんかの趣向に近い感覚かもしれない。燃やす材を選んで香りを楽しむなんて贅沢な世界だ。五感の領域を広げる行為は大人の嗜みなのだろう。

焚き火で淹れるコーヒーも、香りを楽しむひとつの方法だ。特に生豆から焚き火の炎で焙煎するとコーヒーの甘い香りに煙のフレーバーがミックスされてなんとも幸せな気分になる。眼福という言葉があるなら香福という言葉があってもよさそうなものだ。

かつて何かのイベントの企画で火を焚かない焚き火を考えたことがあった。火は焚かないでどれだけ火を感じられるかという試みだ。もし成功したら場所を選ばず焚き火ができることになる。美術館でも飛行機の中でも思いのままだ。それには普段使っている焚き火の道具や火のついていない薪が必要だ。あたかも焚き火をしているように配置して限りなくリアルな状況を作り込む。ただそれはビジュアル上だけであって五感に訴えかけてくる本当の焚き火にはかなわない。そう考えるとそこに思いっきり焚き火の匂いを放ちたくなる。匂いはときとして最初に何かを感じ取るセンサーかもしれない。目で見たり、聴こえたりする前に予兆としての匂いがある。動物の多くはむしろ嗅覚こそが最大の知覚だったりする。焚き火に野生を感じるのであれば匂いに敏感になりたい。一匂しただけで何の材を燃やしているか、燃焼具合はどうかを嗅ぎ分けたい。匂いのわかる人間でいよう。

火に手をかざす。それは火の熱を感じ取るために多くの人がする行為だ。手のセンサーは高性能で慣れるとかざすだけで大体の温度がわかるようになる。ちなみに僕はダッチオーブンをプレヒートする際、250℃の温度を素手を近づけて判別する。お湯も沸いたかどうか一瞬指をつけたりもする。火に直接触れられないからこそ、人は火に近づきギリギリのラインを探すのだ。そう、触れられないというのが火の持つ崇高さであり威厳でもある。何十万年経っても変わらない火との関係を象徴しているのが触覚だ。

仮に火に触れられたらどうなっただろうか。人は火を常に懐に入れ、携帯電話よろしく持ち歩いたかもしれない。そして火は安易な日用品となり、ありがたみもなければそもそも焚き火をするという行為さえも成立しなくなるだろう。火に集わずコミュニケーションもなくそこから社会も生まれず、とっくに人は絶滅していたかもしれない。

そんなことを想像をしながら僕はなんとか火にタッチできる方法を考えた。ひとつはグローブだ。革製の焚き火用グローブというのはあるが、それ以上に消防士が使う特殊な難燃耐熱素材でできたグローブは指の可動が柔軟で追従性がいい。これを焚き火用にアレンジしてオリジナルグローブを作った。そう長くない時間なら火に触れることができる。これによって火につ

いての細やかな作業が可能となり、さらに積極的に火を楽しむことができるようになった。

そしてもうひとつのアイデアは火の熱を別のものに移すことだ。それは主に石を使うことが多い。焚き火のまわりに石を並べて蓄熱させる。その石を使って調理や保温に活用したりする。直接的に火には触れられなくてもこれであれば火の代用になり、低温なら触れることもできる。

ここでもう一度、手の話に戻そう。耐火グローブをつけたり火の熱を石に移したりという話をしたが、実は「素手」で火をいじるのが好きだ。安全のためにはもちろんグローブは必須なのだが、気がつくと素手でいろいろやってしまっている。その結果、火傷も無数にありその都度痛い思いをしている。またやったの、と妻からも呆れられるぐらいだ。単に面倒くさいのかといえば、そうではなくリアリティーが欲しいのだと思う。火を扱っているという緊張感と言ってもいい。そこを別のもので補いたくない本心がつい顔を出すのだ。太古の人たちと同じ条件でその感覚を味わいたい。近づかないと得られないが、近づきすぎると失うそのラインを確認しておきたい。正直に書いてはみたが、そのリスクはおすすめはできない。何しろ手が使えなくなるのはアウトドアでは致命的だ。しっかりとグローブをして安全を確保してほしい。

触覚5

五感で感じる焚き火

触れないから近づきたい炎。
あるところまでは人に恩恵を与え
あるところから危害を加える。
火との距離感を測るのは
人のセンサー（知覚）だ。
そんな火の持つ本質こそが
魅力なのかもしれない。

火に直接触れられないからこそ、
人は火に近づき
ギリギリのラインを探すのだ

TAKIBI COLUMN
心に残る焚き火をしよう ── ❶

北海道で
アイヌの方々との
焚き火

Profile

しもくらえみ／ごうこんふきこ／下倉絵美さん、郷右近富貴子さんは北海道阿寒町で生まれ育ったアイヌの姉妹。「カピウとアパッポ」というユニットでアイヌのウポポ（民謡）を唄う活動や映画出演もしている。

アイヌ文化伝承者
(右)**下倉絵美**さん
(左)**郷右近富貴子**さん

北海道で自然と共に暮らしてきたアイヌの人たちの、
知恵や考え方が今の時代に広く求められているようだ。
ここにきて環境保護やサスティナブルという課題に真剣に取り組もうとする社会と、
日常の中でそれを伝承、実践してきたアイヌの暮らし。
自然とのつき合い方、火の持つ意味、人の暮らしとは。
そんな話をしてみたく、友人のアイヌ姉妹と雪の中で一緒に焚き火を囲んできた。

青白い世界の中に火が灯ると
あたりがパッとオレンジ色に
染まる。命の炎。火の神様がこ
こにいるという気持ちになる。

3月の阿寒湖は凍っていて、湖上を歩くことができる。正面は雌阿寒岳。

アイヌコタンで暮らす姉妹のもとへ

北海道道東、雪解け前の初春に阿寒湖を訪ねた。そこにはアイヌコタンと呼ばれるアイヌの人たちの集落があり、今では民芸品店などが立ち並ぶ観光地として多くの人が訪れる場所だ。

沿道には雪が残っていて、歩き慣れない僕の歩き方で地元の人間ではないことが容易にわかるだろう。一軒のアイヌ料理を出す飲食店のドアを開けると、中から懐かしい顔がのぞいた。郷右近富貴子さんは阿寒町で生まれ育ったアイヌの血を引く女性だ。彼女とは友人を介して知り合い、数年前からイベントなどをご一緒しつつ親交を深めている。

挨拶を交わしたあと、そこから少し離れたところにあるアトリエに向かった。そこは彼女の姉の下倉絵美さんのお住まいでもある。ログハウススタイルのアトリエに入ると、下倉さんご夫妻が優しい笑顔で迎えてくれた。コーヒーの香りと薪ストーブからもれる灯りがとても心地いい。このままここでゆっくりしたいところだけれど、姉妹が揃った

彼女たちは自然の息吹を五感で感じ取ることを大切にしている。

雪の中でも外の遊びに手慣れている。お客さんにならずに積極的に準備を手伝ってくれる。

鉄のケトルで湯沸かし。心身が温まる。

ところで、今回の旅の目的である焚き火の準備を始めることにした。

焚き火の炎で雪中はオレンジ色に染まる

焚き火のために用意してもらった場所は一面銀世界で、奥に進むと深い森へと続いている。膝まで埋まる雪を踏み固め、ようやく焚き火ができる程度の平地を作った。雪の中で何かを始めるには、まずは場所作りからなのだ。そこに僕が持ってきた焚き火台やあれこれの道具を展開する。雪の中から掘り起こした切り株を椅子にして、ようやく焚き火の準備が整った頃にはあたりも薄暗くなりかけていた。冬の道東の日暮れは早い。

手早く割った薪を雪の上に並列に並べて、その上にエゾマツの枯れ枝の乾いたものを細かく折って立体に組み合わせる。シラカバの薪からめくり取った樹皮に着火する。そうすると青白かったあたりの雪が一瞬でオレンジ色に染まった。

焚き火をしながら見た姉妹が持つ特別な能力

初めて彼女たちに会ったのは3年ほど前で、それから何度となく顔を合わせている。アイヌというとなんだか特殊な能力を持つ人たちに思える（実際、すごい才能を持ってらっしゃる）が、会った印象はごく普通で、その普通さがかえって彼女たちの持つパワーを引き立てているように思えた。こんなことがあった。夏に阿寒湖近くのキャンプ場で一緒にキャンプをしたとき、焚き火をしながら食事をしていた。急に絵美さんが背後の森に「何か来た」というのだ。僕も耳をそばだてたが何の物音もしない。すると富貴子さんが「いるね」と応える。僕

雪中の焚き火にはサーミ人スタイルの煮出しコーヒー（P172）がよく似合う。

薪割りも手慣れたものだ。シラカバの薪が北海道を感じさせる。

はさらに意識を集中して背後の暗がりを注視したが何も発見できなかった。それから少し経って、背後の森から音がして暗闇に鹿の目が光った。僕はここまでこないと見えなかったが、明らかに彼女たちはその気配をもっと早くから感じ取っていたのだ。

今回、焚き火をする前に阿寒の森を案内してもらった。二人は明らかに街にいるときより軽やかな足取りで雪の森の中をずんずんと進む。道などないのだけど、まるで見えているかのようで迷いもない。小川に大きな足跡を見つけては「あれは熊だね」と軽く言ってのけたり（笑）、落ちている小枝を拾っては匂いを

嗅いだり、木に抱きついたりとまるで自分の家に帰ってきたかのようなリラックスぶりと少女のようなはしゃぎぶり。大昔の自分たちの先祖もそうだったかもしれない。生活の領域がもう少し自然界寄りなのだ。なるほど彼女たちは自然界と現代の人間社会の間に介在する自然の通訳者（インタープリター）なのかもしれない。

焚き火は神様であり身近な相談相手でもある

さて、焚き火に戻ろう。暦では3月とはいえ日没後の雪中は冷え込む。寄り添うように火を囲み、鉄のケトルで煮

出しコーヒーを淹れた。北極圏に暮らす先住民（サーミ人）のコーヒースタイルなのだけど、この場所にもよく似合う。3人で静かに火を囲んでいるとアイヌの「火」について話を聞いてみたくなる。富貴子さんが説明してくれた。アイヌにとって火は神様（カムイ）で、寒いときに人を温めてくれるだけではなく、料理の味つけもしてくれ、そして何より人間に最も身近な存在なので（毎日何度もお世話になるから）、いろいろと相談にのってくれて人間の望みや悩みを他の神様に伝える役割もしてくれるそうだ。確かにその通りだと思う。我々が寒い雪の中でこうして居られるのは火の暖かさのおかげに他ならない。そしてその火でコーヒーを淹れたり、食べ物を炙って腹を満たし内側からも暖まろうとしている。火の力を借りないと何も成立しないではないか。

二人の子どもたちもやって

きのこ、肉、魚、と北海道の食材が並ぶ。炙ればみな旨い。

絵美さんの子どもたちも焚き火が大好きだ。遊ぶように焚き火のコツを教える。

きて、焚き火のディナーパーティーが始まった。北海道の山の幸、海の幸を思い思いに網の上に並べる。食べ物にじっくりと火が通れば最高のご馳走だ。こうして火の神様を囲むと、体の外からも内からも僕らを温めてくれる。これから雪が溶けて山菜の季節がやってくること、新緑の森は生命の息吹そのものだということ、お腹が満たされた僕

指で小さな輪を作り息を吹き込む"フキ"子さん(笑)。

たちは火を見つめながら話に花を咲かせた。これも火の神様への相談事なんだろう。

引き継がれていくべき あたり前の気持ち

そう思うと焚き火に薪を継ぎ足したり、息を吹きかけたりすることも神様への行為のような気がしてくるから不思議だ。何か普段の焚き火より満たされているような気持ちになるのは、きっと目の前に起こることや物に感謝の気持ちが持てるからではないだろうか。そう思うと僕らは日常の中で感謝することを忘れているのかもしれない。彼女たちに「普通」な印象を持つのは、こうしたあたり前の気持ちに正直で丁寧なところなんだと気がついた。考えてみればこの世にあたり前のことなんてひとつもない。時代が変われど自然により近いところで暮らし、日々感じ取り、その気持ちを代々守っている人たちなのだ。

アイヌの人たちが作る身のまわりのものは素朴だが力強い。そしてどれもが本当に手間のかかるものばかりだ。例えば富貴子さんの作るサラニプ(携帯バッグ)は木の樹皮を割いて繊維を取り出し紐のような状態にこよってからそれを編み合わせて作る。材料の加工から始まるのだから気が遠くなるような作業だ。それを淡々とこなす根気強さが今の時代に輝いて見える。僕らの持つ時間の使い方について考えさせられる。

夜も更けてきて残りの薪はわずかとなった。森の奥ではときおりシマフクロウの鳴く声がしている。そろそろ今夜は焚き火の神様にお別れの時間がきたようだ。

吐く息は白く氷点下を切っているのだろう。それでも焚き火があれば大丈夫。

道具ひとつにも魂は宿る。
すべての道具は自分の指先であり体の一部だ。
それらが焚き火と自分の間をつないでくれる。
どこに行くにもまずは道具の準備から。
道具は携えるだけではなく、
未知の世界にもいざなってくれる。

CHAPTER 2
Collect Tools

焚き火道具を揃えよう

焚き火道具を揃える前に

使い込まれて風合いのある焚き火道具は宝物だ。
自分の焚き火スタイルに合ったものを、
焦らずじっくりと吟味して揃えていこう。
近年の焚き火道具の進化と深化はめざましいものがある。

年月とともに変化している
焚き火道具。これらがない
と始まらない相棒たちだ。

　焚き火道具を揃える前に、まずは自分のやり
たい焚き火のシーンを考えてみよう。一人で、
恋人と、家族で、仲間と。海で、森で、山で、
川や湖で、庭やテラスで。バックパッキング
で、車で、バイクで、自転車で、カヤックで。
　次に自分の好みのスタイルと照らし合わせて
みよう。地面に座るロースタイル、椅子に座る
ロースタイル or ハイスタイル、ハンモック。
どれくらいの時間、焚き火をやるか。3時間、6
時間、一晩中。そんなふうに考えていくと自分

たちが焚き火をしている画が見えてくるはずだ。
　そこから道具を導き出したい。焚き火道具は
今すごいことになっている。雑誌やインター
ネットなどの莫大な情報の中から何を選んで
いか、ここで的確なアドバイスをするには僕の
技量とページ数が足りていない。ここではあく
まで僕のスタイルを紹介する。万能とは決して
言えないが長い時間をかけて構築してきたもの
だ。道具そのものというよりその考え方も汲み
取っていただけるとうれしい。

焚き火台に求められるもの

なぜ焚き火台が必要なのか、
物を見極めるには、その背後にある目的と自分自身を
見つめなければならない。

アウトドア道具は今や星の数ほどある。焚き火台も例外ではない。一言で焚き火台といってもさまざまなデザインとスタイルがある。コンパクトさ、堅牢さ、軽さ、燃焼効率など、焚き火台に求められる指向性からニーズに合わせたものを選べるくらいバラエティ豊富に展開されている。さまざまなアウトドアスタイルがあり、一人でも複数の様式を楽しんでいるだろう今、たった1台の焚き火台に絞り込むのは難しいかもしれない。とはいえ、目的はひとつ。焚き火をする台だ。

焚き火をするうえで何が大切かというのは好みもあるだろうが、絶対条件もあるはずだ。そんな観点から理想の焚き火台を考えていきたい。

まずは焚き火自体に求めるものから。なぜ火を焚くか、これまで何度も語られてきたように主な目的として①暖をとる、②調理、③灯り、④鑑賞やコミュニケーションなどがあげられる。自分的には上記の順番が基本的な優先順位でもある。次になぜ焚き火台というものがあるか。自分の認識が間違っていなければ①環境保全、火災防止、安全のため（総じてマナー）だと考える。そして焚き火台が出現したことによって副次的にもたらされた効果や恩恵として、②コンパクトで移動ができる、③直火より燃焼効率がよい、④道具としての所有感、などがあげられる。もちろん、他の目的や効果もあるだろう。

これらを前提にすると、目的から考える焚き火台の命題は暖がとれる、調理ができる、それらを環境を汚さず、安全にできること。そして性能はよりコンパクトでよく燃えるものがいい、ということになろうか。

ここにデザイン性やこだわりなども入れたいが、それは個人の好きずきなので一旦おいておくこととする。

先ほどあげた焚き火台の条件は、ある意味理想で矛盾点もある。例えば、暖かさを追求すると大型の薪を大量に入れる必要性からコンパクトさがなくなる。環境に配慮して地面から燃焼位置を遠ざけると足元が暖かくない。燃焼効率をよくしすぎると燃費が悪くなる……といった具合だ。つまり何を優先するかで選択は変わってくる。これは経験を伴うことでもあるし、使用する状況によっても異なる。ときに長所が短所に変わり、またその逆もあり得る。そして経験していくうちに火に対する価値観でさえも変化するかもしれない。

ある程度は自分の目的に合うものを選び、最終的には自分の感性と相性のいいものを選ぼうと言うしかない。惚れた焚き火台であれば、何とかそのマイナス部分を補おうと工夫や努力もするものだ。焚き火をする目的と焚き火台を使う目的はしっかりおさえたうえで、この焚き火台戦国時代を楽しんでほしい。

必要な要素は使用する状況でも変わる

僕の好きな焚き火台は、低くて丸くて焚き火のすべてが見えるようなものだ。

焚き火 に求められる要素

1 — 暖がとれる

2 — 調理ができる

3 — 灯りになる

4 — コミュニケーション
　　 ツールになる

焚き火台 に求められる要素

1 — 環境を汚さず安全性がある

2 — コンパクトで移動ができる

3 — 燃焼効率のよさ

4 — 所有欲を満たす

歴代の
焚き火台

1

[snow peak]

焚火台 L

Takibidai L

厚手のステンレス板4面
からなる。20年以上変わ
らないデザイン。S、M、
LLサイズもある。

無垢のステンレスは重
量感があるが、設置す
ると安定感に変わる。
脚の開き具合も絶妙だ。

畳んだ状態は決してコン
パクトとは言えない
が、組み立てがいらな
いメリットは大きい。

SPEC

SIZE	展開時／W455×D455×H315mm 収納時／W560×D640×H32mm
WEIGHT	重量／5.5kg

20年前に初めて購入した焚き火台

　言わずと知れた焚き火台界の父、と言って
も差し支えないだろう。1996年に誕生して以
来、常に世の焚き火台のベンチマークとなっ
てきた名作だ。組み立ていらずで開くだけの
堅牢な作りはいまだトップクラスと言える。

　僕が初めてこの焚き火台に出会ったのはお
よそ20年前、発売されて数年経った頃だ。焚
き火台を使う文化が(自分の中では)まだ生
まれていなかった頃なので、かなり衝撃を受

けた記憶がある。デザインも素晴らしくほと
んど衝動買いだった。

　三浦半島のとある海岸ではじめてその台に
火を灯した。ステンレス製の分厚い板に無垢
の脚が溶接されたそれはずっしりと重く、バ
タンと開いて砂浜に置くと、鈍く光る逆四角
錐の形状にやや戸惑った。この中で火を熾す
のか。直火には慣れていたが、生まれてはじ
めて焚き火台を使う僕にはどんなふうに燃え

＊この章の各道具のサイズや重量は、メーカーが公表している数値がない場合、著者による実測値を記載。

椅子に座ると
ちょうどいい高さ
だが、足元が寒い

薪は焚き火台の対角
線上に置けば比較的
長いものでも収まる。
逆四角錐の形状をう
まく利用すれば薪を
五徳代わりにするこ
とも可能だ。

台に深さがあり、横からの炎の様子はよく見えないが、その分
風の影響も受けにくい。重心が高いのも留意する必要がある。

燃えた薪は熾火となり錐状に沿って下に溜まる。底は隙間か
ら適度に空気も入るので熾火が保たれるという仕組みだ。

るのか想像がつかない未知のものだった。着
火材を敷いて上に小割りを重ねて火をつける。
奥底に差し込むように種火を入れるので、
チャッカマンのようなライターが適していた。
火が入ると呆気ないくらい簡単に燃え上がっ
た。直火より明らかに火つきがいい。その理
由は4面の隙間から入り込んでくる空気だと
わかった。上に薪を重ねると面白いように燃
えていく。炎は焚き火台の高さより上へと燃

え上がった。しばらく焚き火を楽しんだあと、
燃え尽きていない熾火の始末にあろうことか
僕は水をかけてしまった。ジュワーッという
音と蒸気が立ち込め、消火はされたがこれで
よかったのかはわからなかった。もしかする
と取り扱い説明書には使用後に直接水はかけ
るなと書いてあったかもしれないが、読んだ
記憶もない。台に残った炭をバケツに入れる
とき、これは便利なものだと思った。

歴代の
焚き火台
2

[MONORAL]

ワイヤフレーム MT-0010

Wireflame MT-0010

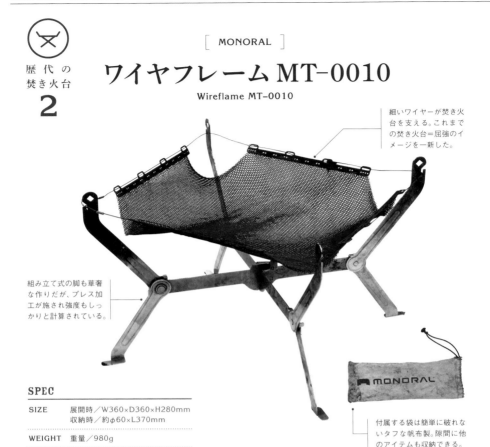

細いワイヤーが焚き火台を支える。これまでの焚き火台＝屈強のイメージを一新した。

組み立て式の脚も華奢な作りだが、プレス加工が施され強度もしっかりと計算されている。

付属する袋は簡単に破れないタフな帆布製。隙間に他のアイテムも収納できる。

SPEC

SIZE	展開時／W360×D360×H280mm 収納時／約φ60×L370mm
WEIGHT	重量／980g

焚き火台界のエポックメイキング的存在

　この焚き火台は世の焚き火台を"解放"した記念すべきモデルだ。焚火台 L（P48）が父だとすれば、このワイヤフレームは焚き火台界の兄と呼びたい。自由を求めるヒップな兄ちゃんだ。ザックやバッグに気軽に入れて、どこにでも持ち出せる焚き火台ということではエポックメイキングだった。写真はメッシュの火床に換装したものだが、オリジナルはクロス（布）である。フレームにクルクル

と巻きつけることができるのだ。不燃布を使っていたのだけど、使い方が悪いと数回の使用で穴があくものだった。

　一番熱を持つ中央部が加熱により生地が硬化する。そこを何度も繰り返し折り畳んでしまうと破れてしまうのだ。販売元はこれに悩んでいて、一時、改良版の開発を手伝ったりもした。破れる部分にあて布をして補強をすればさらに熱をもつ結果となるなど難航した

脚フレームは毎度折り畳む方向に悩むが、一発でうまくいったときの喜びもある。焚き火後もさほど熱くならない。

袋に分割式の火吹き棒と三脚も収納。火吹き棒はこの袋に合うように作ってもらった。どこでも焚き火ができる。

純正の
耐熱クロスよりも
耐蝕性ステンレス
メッシュを用いた
オプション品を使用

メッシュは空気を吸い上げるので薪がよく燃える。網目から下に灰がこぼれる。完全燃焼した灰は養分となるので、あたりの地面に散布するようにしている。

が、結局はそのままでいくことになったと記憶している。

　理工学系の開発者だが不完全さも道具の持つ要素のひとつと割りきり、使い手がカバーしたり腕を上げていくという方向をキープしたのは内心うれしく思った。そうなのだ、何かに特化すると何かが満たされなくなる。これは物事の摂理と言ってもよく、全方位に万能なものなどない。いかに長所を活かし、短

所をかわいがるかなのである。そういった意味でもこの焚き火台を超える革命は、いまだ起こってない（と思っている）。

　僕はこの焚き火台を携えていろいろな場所で焚き火をした。ついには北極圏での海外遠征焚き火にこれを持ち出すことにして、収納袋のサイズに合わせて火吹き棒を作ったりしたのだ。まだしばらくは手元に置いておきたい。煤で汚れた袋は僕と彼との友情の証だ。

歴代の
焚き火台
3

[TAKIBISM]

REAL FIRESTAND
JIKABI L

ジカビ エル

「パン」と呼ばれる火床。職人が熱した板から一枚ずつ叩いて作る。表面に凹凸があり一枚ずつ違う表情をもつ。

ステンレスのパイプを曲げて溶接したリング。火のまわりに物が置けるのが最大の特徴。

焚き火台に求められる要素を最大限に満たすフォルム

JIKABIシリーズを代表するLサイズは焚き火台に求められる要素（足元から暖かい、調理しやすい）を最大限に満たす。低く安定したフォルムは、焚き火の炎全体を見て楽しめる。

SPEC

SIZE	展開時／約φ500×H80mm パンの直径／約φ310mm （取り外し可能）
WEIGHT	重量／約2kg（本体のみ） トライアングル（五徳）つき

低く足元から暖かく調理にも便利な焚き火台

　鉄工所の友人とTAKIBISM（タキビズム）という焚き火アイテムのガレージブランドを立ち上げた。最初は火吹き棒を制作し、その後、満を持して焚き火台の開発に着手した。

　開発当初から「低くて丸い」というコンセプトは決めていた。なぜ低いかというと、商品名があらわすように直火での焚き火をイメージしていたからだ。焚き火をしていて足元が寒いというのは焚き火をする意味がない、

とさえ思っていた。地面で焚く火は末端である足や足首を暖めてくれる。それでこそ野外で暖をとる価値がある。長年使ってきたスノーピークの焚き火台（P48）はとても優れていたが、その形状から足元が暖かくなかったのだ。

　しかし低くすることには弊害もある。焚き火台の命題でもある環境に対してローインパクトであることに反してしまうことだ。低い

[TAKIBISM]

REAL FIRESTAND
JIKABI S
ジカビ エス

シリーズ最小のSサイズはバックパッキング
でも連れ出せる。設置後すぐに使えるのはう
れしい。小さいながらも機能は変わらず、ハン
ドメイドならではの所有する喜びがある。

SPEC

SIZE	展開時／約φ310×H56mm パンの直径／約φ230mm（取り外し不可）
WEIGHT	重量／約720g（本体のみ） トライアングル（五徳）つき

[TAKIBISM]

REAL FIRESTAND
JIKABI
STANDARD M
ジカビ スタンダード エム

シリーズ最新作の中間サイズ、スタンダード
Mはパンをプレス加工することで求めやすい
価格に。別売りの蓋を使えば、水などかけずに
焚き火をスマートに消火することができる。

SPEC

SIZE	展開時／約φ400×H70mm パンの直径／約φ270mm（取り外し可能）
WEIGHT	重量／約1.15kg

がゆえに地面に熱が伝わり、草地なら確実に焦がしてしまう。悩みどころではあったが、それでも焚き火をするならば僕の最大の目的でもある"暖をとる"を選びたいと思った。使う場所を考えたり、防燃シートを敷くなどで使い手にできる限りの配慮を強いることになったが、何かに特化すれば、万能ではなくなる。これは致し方ないことでもあった。

また、円形であることは人数を選ばず囲むことができ、外周のワイヤーリングは鍋やケトルなどを置くことができて、ひとつの炎で同時に複数の調理が可能となった。これは今までにはない画期的なものだと思う。こうしてJIKABIは誕生した。国産で一台一台、職人が魂を込めて手で叩いて作る。大勢で囲めるLサイズ、バックパッキングにも持ち運べるSサイズに加えて、プレス加工で求めやすい価格のMサイズもリリースされた。

歴　代　の
焚き火台

3

[TAKIBISM]

JIKABI
ジカビ

外周の
ワイヤーリングには
幅広い用途がある

直火を再現するために開発した焚き火台

　JIKABIは直火の焚き火をイメージして作られた。直火をする際には多くの場合、最初に地面に穴を掘る。僕の場合はスコップで直径30センチほど。あまり深く掘り込まず、なだらかな曲線に掘るようにしている。なぜ穴を掘るのかといえば、まずは焚き火の燃焼サイズを決めるということだ。大勢で囲む際はもっと大きくするかもしれないし、もう少し小さめな場合もある。そして最後に残った炭などを除去して灰を埋めてやるための穴だったりもする。

　しかし、もっと意味があるのが薪の下の空間を確保するということだ。火は下から上に燃えていく。平たい地面に直線の薪がぴたりとついていたらなかなか燃え上がらない。そういった意味でも曲線に穴を掘って、そこに薪をおけば必ず空間（隙間）ができる。そこが空気の通るスペースになる。そして穴を掘

外枠に石を並べる。風があるときや熱を集めたいときは立てるように置く。蓄熱もして焚き火のブースター効果もある。

太めの薪で台を囲むように組み上げる。湿った薪を乾かすとともに、熱を放散させない。直火ムードを増す演出にも。

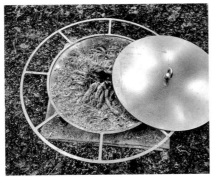

別売りの蓋を使えば、空気を遮断して消火ができる。焚き火台として使わないときはテーブル代わりにもなる。

S、Lサイズに付属する五徳を使えばシンプルに鍋やヤカンを火にかけられる。日本の囲炉裏からヒントを得たものだ。

るることで地表上に空気の流れ（気流）が発生する。火をつけると四方から空気がその穴に流れ込んでくる。穴に集まった空気は燃やされてガスと共にまっすぐ上にのぼっていく（上昇気流）。そんなことを考えてこの焚き火台は作られた。

　穴を深く掘り下げない理由は常に新鮮な空気が入り込むのと、溜まった灰が適度に飛散するようにだ。完全燃焼した灰はカリウムと

なり、酸性質の土壌を中和して植物を育てる土になる（炭は土中分解されないので、灰になるまで燃やすか持ち帰る）。焚き火によって環境にインパクトを与えるだけならばそもそも火を焚く行為は廃れているはずだ。インパクトを与えながらも恩恵も与えている。これもまた摂理ではないだろうか。消費するだけではなく未来の種まきをする。そんな焚き火を続けたいものだ。

ネイチャー
ストーブ

[Solo Stove]

Solo Stove Lite

ソロストーブ ライト

大中小さまざまな
サイズ展開がされる

二次燃焼を引き起こすこのストーブは、手に乗るサイズから中に人が入れそうなほど大きなものまである。写真の小型は調理用に向いており、中〜大型は大勢で暖をとるようなシーンに向く。

SPEC

SIZE	展開時／φ約W108×H145mm 収納時／φ約W108×H100mm
WEIGHT	重量／約255g

焚き火台のサブ機として一台は持っていたい

　自然界から調達した小枝や落ち葉などを燃料とするネイチャーストーブは、これからの時代にマッチした燃焼器具だろう。焚き火台との大きな違いはストーブと呼ばれるように、ある程度閉ざされた空間で対流を起こして燃焼する仕組みを持っていることだ。これは災害時にはとても有用なストーブだ。燃料が調達しやすくほぼ無限にあるし、焚き火ほどのコツや慣れがいらないものが多い。故障も少なく何より安全性も高い。

　ネイチャーストーブには大小さまざまな種類があるが基本構造は同じで、ストーブ下の穴から空気を取り入れて不完全燃焼の煙を再度吸い込み、みずからの熱で燃やす二次燃焼の仕組みを持つ。その結果、特別空気を吹き込まなくてもよく燃え、中央に集まった炎は強力で調理にも強い味方となる。難点をあげれば燃えすぎる傾向にあり燃費が悪い。

[SAVOTTA]

HAPPY STOVE

ハッピーストーブ

軽量コンパクトながら必要十分な実用性を持つ

畳むと厚さが1センチに満たないコンパクトさが魅力。顔のようなデザインで口から燃料を入れるのがユニーク。五徳も付属し湯沸かしや調理にと意外と実用性が高い。

SPEC

SIZE 展開時／W140×D140×H140mm
収納時／W140×D10×H155mm

WEIGHT 重量／250g

[Kelly Kettle]

TREKKER 0.6L STAINLESS

トレッカー 0.6L ステンレス

湯沸かしに特化した煙突型ケトル

個性的な形状で、唯一無二の存在感がある。一度使えば長く愛される理由がわかる。別売りのアタッチメントでクッカーとしても活用できる奥行きを持つ。

SPEC

SIZE 展開時／φ140×H290mm
収納時／φ140×H270mm

WEIGHT 重量／740g
付け替え用コルクキャップつき

ケリーケトルは100年以上の歴史を持つもので、細長く二重構造になったケトル部分に水を入れ、下の台の中に火を熾すと、煙突状になったケトルの上部の穴から空気が引っ張られ、炎が真ん中を貫くように燃える。熱効率がよく、素早くお湯を沸かせる。煙突効果と対流という自然現象を活用した道具で、使うたびに感心する。専用のキャップはホイッスルがついていて沸騰のサインとなる。

どちらもストーブの中で炎が起こるので、風などの影響も受けにくく初心者でも比較的安全に取り扱うことができる。野外でガスバーナーとこれらのネイチャーストーブを併用すれば燃料切れの心配が解消される。晴れているときは燃料を拾い集めてネイチャーストーブを用い、雨が降ったり急いでいるときはガスストーブを使えば、トータルでは長く火の確保と維持ができるだろう。

薪を割る
道具
1

[MORAKNIV]

カンスボル サバイバルキット
Kansbol Survival Kit

メタルマッチも付属されて完成度が高まった、モーラナイフのオールラウンドモデル。フィールドの中ではオレンジ色はとてもよく目立つ。

バトニング用の棒（著者私物）。これは柿の木でとても硬い。持ちやすいように自分で削ってある。

SPEC

SIZE	刃長／約109mm 全長／約226mm 刃厚／約2.5mm
WEIGHT	重量／約100g（ナイフのみ） マウントユニット（シャープナーつき）、 メタルマッチ、ベルトループつき

ブッシュクラフトから調理まで1本でまかなう

　ナイフ（刃物）と焚き火は"ヒト"が人間になった二大ツールだ。その関係は二足歩行や体型にまで影響が及ぶ。人類は肉を切り、火で炙って今日までできた。だから焚き火の前では同じように肉を切り、それを炎で炙ることにことさら喜びを感じるのだろう。BBQなんかもその記憶の名残りかもしれない。

　ナイフも種類が多いが、僕はスカンジナビアンエッジという形状の刃を持つモーラナイフを愛用している。よく切れてメンテナンスもしやすい。世界的に定評のあるスウェーデン鋼を使ったブレードは堅牢で、用途に合わせてさまざまなタイプがある。ブッシュクラフトに特化したナイフやウッドクラフトに使うナイフ、調理用や釣り用なんかもある。いくつか所有しているが、焚き火の際に多用するのはカンスボルというモデルだ。

　薪を削ったり、ときには割ったり、火熾し

ナイフの主な用途

ブレード前半の薄い刃は細やかな作業に向いている。118ページを参考に、クラフトにチャレンジしてほしい。

薪が複数あれば、ナイフの背を叩くバトニングという技術（P102）で、太い薪をも割ることが可能だ。

ナイフのスパイン（背）でメタルマッチを削り火花を出す。削るために、スパインには鋭いエッジ（角）がつけてある。

もちろん包丁のように使うことも可能。常にメンテナンスを心がけて、切れ味を保とう。

にも使う。これだけならブッシュクラフトを得意とする他のモデルもあるが、カンスボルだけにしかできないことがある。ブレードの前半分は刃厚が薄く、肉や魚を薄く切ったりできる。後ろ半分は厚めになっていて薪を割るなどのハードな仕事をこなす。1本で2つの顔を持つナイフなのだ。できるだけ荷物を少なくしたいが、さまざまな道具が必要な焚き火においては、この1本は大いに助かってい

る。以前はメタルマッチは付属しなかったが、最新のモデルはシース（鞘）に装着できるようになっていて申し分ない。

　ナイフは使い手との相性が大切だ。いろいろ試したうえで決められるのが理想だが、実際は難しい。ネット販売のコメント欄を参照するのもいいが、アウトドア専門店で相談してみてはどうだろう。自分のやりたいことが整理でき、理想の1本と出会えるかもしれない。

薪を割る
道具
2

刃物部分は想像以上に
鋭利だ。使用しないと
きは必ずカバーをかけ
るように心がけよう。

ハンドル部の穴に
はパラコードなど
丈夫なロープを結
んでおこう。

[GRÄNSFORS BRUK]
ハンドハチェット
Hand Hatchet

ヘッドの重さを利用して
ナイフよりパワーを出す

ナイフよりパワーがある。ハチェット全体
のバランスの中で重心を見つけ刃物部分
（ヘッド）の重さを利用して使いこなせるよ
うになると、手放せない道具となるだろう。

SPEC

SIZE	刃長／80mm 斧頭／130mm 柄長／245mm
WEIGHT	重量／400g 本革ケースつき

[Silky]
シルキーオノ
Silky ONO

薪割りや枝打ちなど
多用途に使える斧

中華包丁のように長くやや薄めのブレー
ドはいろいろな活用法がありそうだ。ラ
バーグリップも吸いつくような感触で持
つ手に力を入れやすい。

SPEC

SIZE	刃長／120mm　斧頭／130mm 板厚／5.7mm
WEIGHT	重量／760g

使いこなせば手放せない道具となる

　木を割る、切る道具は焚き火では欠かせな
い。ハンドハチェット（手斧）は薪割りはも
ちろんウッドワーク時の荒削りにも使う。ナ
イフに比べ刃物部分（ヘッド）の質量が大き
いので作業にパワーがある。薪などを割ると
きは闇雲に振り下ろすのではなく、あらかじ
め薪に軽く刃を食い込ませておいてから、斧
の重さを利用して割るようにすれば安全だ。
P59のようにヘッド部の背をバトンで叩いて

もいい。またキャンプ場などで入手できる薪
を小割りにする際は刃をあてた薪と手斧を一
緒に持って平たい木などに打ちつければより
確実に割ることができる。

　ノコギリも倒木や流木を適当な長さにする
のに必需品だ。やはりよく切れるものが
フィールドではストレスが少なく、小型で携
行性に優れるものがいい。どちらも特性を理
解して使い慣れると手放せない道具となる。

[Silky]

[Silky]

ポケットボーイ
万能目170

Pocket Boy

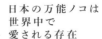

日本の万能ノコは
世界中で
愛される存在

世界的に愛用者の多い日本が
誇る名ノコギリ。乾木も生木
もよく切れる。ラバーグリッ
プの握り心地も良好で、荒目
から細目まで刃の交換も可能。
長さも選べる。

SPEC

SIZE	刃長／170mm　全長／375mm 収納時全長／210mm
WEIGHT	重量／225g

SPEC

SIZE	チェーン長／650mm 収納サイズ／W119×D107×H30mm
WEIGHT	重量／165g

[NORDIC POCKET SAW]

ノルディック
ポケットソー

Pocket Saw

手のひらサイズの
チェーンソーで
丸太を切り出す

ポケットに入るチェーンソー。
動力は人間だ。倒木などの重
さを利用して両手をリズミカ
ルに動かせば面白いように切
れる。寒いときにはこれで体
を暖めよう。

─ EXTRA TOOL ─

少女の優しさから生まれた
安全な薪割り道具

画期的なアイデアで薪割り界を驚かせたキンドリングクラッ
カー（通称キンクラ）。刃が上向きについていて、薪をあてて
ハンマーなどで叩き割るもの。これなら刃は動かないので子ど
もや力の弱い人でも安全に薪割りができる。ニュージーランド
の少女が、母親が薪割りで怪我をしないように考案したものら
しい。頑丈な作りで、重さのあるハンマーで力を入れて叩くこ
とも可能だ。かさばるが手軽に薪が割れて便利な道具。

着火する
道具

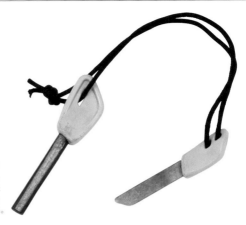

［ Wildo ］

ファイヤー
フラッシュ

Fire Flash

ストライカーとセットの
初心者用メタルマッチ

初めてメタルマッチを使うなら、ロッド
（本体）とストライカーがセットになった
ものがいいだろう。写真のアイテムは紐
で結ばれているので互いをなくすことも
ない。防災用にもひとつ備えておくといい。

［ MORAKNIV ］

メタルマッチ

Metal Match

これまで何度も
火を熾してきたメタルマッチ

すり減ったメタルマッチ。ナイフでまっすぐ
削っているのではなく弧を描いているのがわ
かる。まだしばらくはいけるだろう。残ってい
るところをできるだけうまく使ってやりたい。

一長一短あれど、どれかひとつは欠かせない

　火をつける方法はいくつかある。最もポ
ピュラーな方法はライターではないだろうか。
僕も例外ではなくライターを多用してきた。
そんな中、ライターで火を熾せなかったこと
がある。ひとつは山に登ったときだ。森林限
界付近でコーヒーを飲もうとバーナーを取り
出し、着火を試みたがライターの火は一向に
つかない。気圧の影響でガスが気化しなかっ
たのだろう。また海辺にて、カヤックで食事
を作ろうとバーナーに火をつけようとしたが、
自分の指が海水で濡れていてライターの発火
部を湿らしてしまったようで火がつかない。
乾けばすぐについたが。このようにライター
はちょっとした外的な理由で使えなくなって
しまうことがある。マッチはどうか。もちろ
ん湿り気には弱いが風にも弱い。たいてい1
本ではつけられず、何本も消費することにな
る（ただ風情はある）。

スライドガストーチ

Slide Gas Torch

伸縮式のライターは
焚き火でも使いやすい

ライターは最も身近な着火用具として常備しておきたい。このモデルはバーナー部が伸縮し、ガスもガスカートリッジの残りなどから充填できる。またスイッチもロックできて安心。

[NO BLAND]

マッチ

Match

古典的な着火道具を
携えておけば安心

着火用具としては風情がある。マタギなどは焚き火前にまず1本こすって風向きや風の強さを確認するそうだ。軸の長いものや防水のものなどを試すのも楽しい。

そこで最近人気のメタルマッチだ。ファイヤースターターとも呼ばれる。フェロセリウムという鉄とセリウムの合金、またはマグネシウム合金でできた棒（ロッド）だ。ナイフの背やストライカーでこすると火花を発生する。しかし、火花が出るだけで火にはならない。火口（ほくち）と呼ばれる着火させる対象物が必要だ。さらに火つきのよい燃料を適宜加えて炎に育てる。そのプロセスが火を熾すことを学ぶのに最適だ。そして少し面倒な分、火を熾すことができた達成感と面白さがある。濡らしてしまっても水を切れば発火するし、うまく使いこなせば何千回と火熾しが可能。何より火薬やガスではないので所持していても安全である。それぞれ一長一短はあるが、どうせならどれを使っても確実に火が熾せるようになるのがいい。弘法筆を選ばずを目指そう。

火を操る
道具

火吹き棒があれば
火床の中心部に
ピンポイントで
空気を送れる

[TAKIBISM]
ブレストゥファイヤ
Breath To Fire

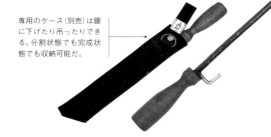

専用のケース（別売）は腰
に下げたり吊ったりでき
る。分割状態でも完成状
態でも収納可能だ。

燃焼促進剤としての
空気を送り込む道具

火吹き棒は燃焼を促進する効果がある焚き火
には欠かせない道具だ。丈夫で長く使えるよ
う細部にまでこだわったハンドメイドの造形
は、所有感を満たしてくれる1本だ。

SPEC

SIZE	全長／約610mm 収納時全長／約380mm
WEIGHT	重量／約210g　革バンドつき

火を操る能力は太古から受け継がれたもの

　火を操る道具は焚き火道具の中でも重要だ。焚き火の炎の強弱を調整するコントローラーとも言える。僕の場合、焚き火をする際にはこれがないと始まらない。火に空気を送り込むのにうちわを使うと全体をあおるにはいいが、いろいろ飛び散りスマートではない。フイゴも便利な道具ではあるが趣に欠ける。絶妙な量の空気を狙った場所に的確に吹き込めるものがいい。気分はスナイパーだ。

　人は吐きだす息の種類によって火を操る能力を有している。火に空気を与えて大きく育てる場合は胃から出てくる息を吹きかける。「ふーっ」と腹の底から絞り出すようなロングブレス。逆に吹き消す場合は肺から出てくる短い息を使う。「ふっ」という勢いと共に上からかぶせるようなショートブレス。無意識にやっているが、これも太古の先祖からDNAで受け継がれたものだろう。人の呼吸や

燃える薪を掴んで
焚き火を操作できる

燃える薪を移動するには火ばさみが必要だ。先端部が細やかな作業や重い薪でも確実にホールドできるものを選びたい。また誤って踏みつけることもあるので丈夫なものを。

SPEC

SIZE　　全長／470mm

[NICOTAMA OUTDOOR CLUB]

トング TONGS

先端部分が大きくて薪が掴みやすい。またハンドルには皮が巻かれていて耐熱性にも優れる。

細やかな
薪の配置変えなど
には必需品

内臓が火と関係しているのはとても興味深い。

　火吹き棒は口先の延長としての役割だが、ブレストゥファイヤは絞りにこだわっている。棒は単なる筒状ではなく先端が絞り込まれている。吹き出し口の径はミリ単位でフィーリングが変わる。もちろん個人差はあるのだが大きめだと息の抜けはいい分、吹き出される空気に勢いはなくなる。絞り込みすぎると勢いは増すが、その分肺に負担がかかり息苦し

い。いくつもの口径を試した結果、今のものに落ち着いた。先端には小さなフックがデザイン上の大きな特徴となっている。①火を掻く、②ものを吊り下げる、③ヤカンの蓋などを開ける、④分割収納時の凸側、⑤分割組み立て時の締め込み、など多機能。使い慣れると火吹き棒の先端が指先の代わりのようになるかもしれない。体の一部となるような火吹き棒を是非使ってみてほしい。

身につける
道具

[TAKIBISM／DAIKO PRODUCT]

焚き火グローブ

Takibi Gloves

耐熱性はもちろん
作業性にも
優れるグローブ

焚き火専用に開発したグローブは
消防士の使うモデルをベースにし
ており耐熱性や作業性に優れる。
グローブを装着したまま火熾しや
調理など細かな作業も可能だ。

[FJALL RAVEN]

ニーパッド

Kneepads

焚き火作業時には
欠かせない膝あて

自分の焚き火スタイルは座って膝立ちでの作
業が多いのでとても重宝している。クッショ
ン性と防水性が高いので地面を選ばない。こ
れがないときは薪や石を敷いていた。

[GRIP SWANY]

ファイヤープルーフポンチョ

Fireproof Poncho

焚き火の火の粉と
寒さから身を守る

1枚あれば火の粉よけ、匂い防止、防寒に役立つ。すっぽりかぶれるポンチョは畳んでもかさばらない。自分ではアクティブさに欠けるので主にゲスト用に活用している。

┌─ **EXTRA TOOL** ──────────

シートや膝掛けには
燃えにくい
天然素材のものを

シートや膝掛けなんかもあってもいい。どうしても火の粉は避けられないので多少穴があいても平気なものを。特に爆（は）ぜた火の粉が靴と足の間に入らないように注意。

難燃素材の膝掛けとキルティング加工された綿のシートを使っている。

火や熱源に触れるものはシビアに選ぶ

焚き火専用のウェアなどあるが、すすんで着る気にはなれない。ここで紹介しているポンチョもゲストに着てもらうことが多い。専用ウェアという言葉にどこか気恥ずかしさや息苦しさを感じるのだろうか。焚き火はもっと自由で偶発的であってほしい。たいていはどんな素材であっても火の粉で穴はあくし、焚き火臭くなるものだ（ダウンウェアやゴアテックスのジャケットなんかを焚き火で着る

のは論外）。ただ、グローブなんかはちょっと事情が変わってくる。直接火や熱源に触れたりするものはシビアな選択眼が必要だ。基本は革製のものをすすめる。熱だけではなく、そのまま刃物などを扱う状況もあるので作業性も重視したい。また、難燃や耐熱に対しては革では限界もあり、より安全性を重視したいならば科学の力（ケブラーやノーメックスなどの化学繊維のもの）に頼ろう。

焚き火用
調理道具

1

[DALUM]

ヤルダ
キャリーキット（試作品）

Jälda Carry Kit

SPEC

30ヤルダグリドル
SIZE／ φ300×H180mm
50ヤルダグリドル
SIZE／ φ500×H250mm

WEIGHT 重量／1.3kg、3.7kg

無骨で脚つきの
シンプルな鉄板

スウェーデンの伝統的なアウトドア料理に用いられる鉄板。良質なスウェーデン鋼を使っているので手入れをすれば一生ものだ。焚き火台JIKABIとサイズが対応しているのでセットで楽しめる（2021年秋発売予定）。

[Solo Stove]

トライポッド

Tripod

吊るしベーコンや
湯沸かしにも重宝

組み立て式の三脚は持ち運びに優れる。足が4本継ぎになっており、目的に合わせて高さが変えられるのもいい。吊り下げのチェーンもセンチ単位で長さが調整できる。

SPEC

SIZE	全高最長／約1100mm
WEIGHT	重量／約538g

[COGHLAN'S]

キャンプクッカー

Camp Cooker

SPEC

SIZE	全長／660mm
WEIGHT	重量／約550g

焚き火で使うなら
持ち手の長いものを

これほど持ち手の長いホットサンドメーカーも珍しい。ホットサンド以外にも、餃子を焼いたり肉を焼くのもいい。開けば2つのフライパンになり目玉焼きにもピッタリだ。

[TAKIBISM]

フライパンディッシュ

Frying Pan Dish

ブレストゥファイヤーに
換装することが可能

鉄製の皿は焚き火との相性がいい。冷めにくく余熱調理も可能だ。三又になったフォーク（別売）は火吹き棒（P64）に装着でき、これで皿を掴めばフライパンに早変わり。

SPEC

SIZE（中）直径／約225～230mm
　　　（小）直径／約160～165mm

WEIGHT 重量／約525g、約265g

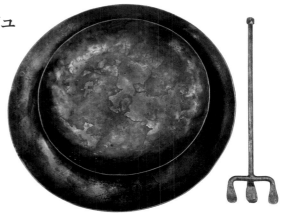

[NO BLAND]

軍用コッフェル

Koffel

焚き火で使うから
タフで無骨な
デザインがいい

軍用の野外調理具はタフで無骨なデザインがいい。サイズも手頃で鍋にも食器としても使える。取手がそのまま蓋のロック代わりになるアイデアが素晴らしい。

焚き火フォーク

Takibi Folk

[Roller roaster]　フォールディングキャンピングフォーク　全長122cm

[CAMP CHEF]　Extendable Safty Roasting Stick　全長80cm

[槙塚鉄工所]　特注品　全長50cm

[COGHLAND'S]　テレスコーピングフォーク　全長105cm

つい買ってしまう
魅惑のフォーク

焚き火フォークが好きだ。海外などで見かけるとついつい買ってしまう。伸縮のアイデアがさまざまで持っているだけで楽しい。最近気に入っている針金をただ曲げたようなもの。これが自在に曲がって応用がきいて面白い。

焚き火用
調理道具

2

[Coleman]

パーコレーター

Percolator

ガラスキャップの
愛おしいケトル

コーヒーメーカーとしては使わなくなっ
たが、ガラスのキャップが愛おしい、焚き
火の湯沸かし用ケトルとして使っている
20年選手だ。

[Lemmel Kaffe]

コーヒーケトル

coffe kettle

煮出し式専用の焚き火ケトル

この形状のケトルは煮出しコーヒーを淹れるの
に最適だ。蓋の口径が広く、豆を入れやすい。蓋
の金具も金属製で火に強く、ナイフや枝を引っ
かけて開けることができる。

SPEC

CAPACITY	容量／0.9ℓ
SIZE	サイズ／φ150×H85mm
WEIGHT	重量／190g

[PURCELL TRENCH]

パッカーズ
グリル

Packers Grill

これさえあれば
焚き火で調理可能！

焚き火をする人はこのグリルさえ持っていれ
ば鍋を火にかけたりできる。技量も問われるが、
自由な焚き火を感じる道具だ。

SPEC

SIZE	サイズ／W380×D127〜102mm
WEIGHT	重量／約94g

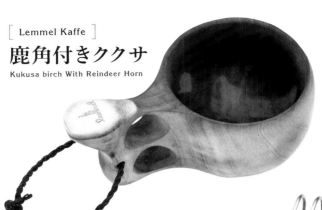

[Lemmel Kaffe]
鹿角付きククサ
Kukusa birch With Reindeer Horn

フィンランド語で「飲み物の源」の意味

ククサはフィンランド語で「飲み物の源」を意味する、つまりなくてはならないものだ。本体はシラカバのコブより作られ、火にはかけられないが冷めにくい。持ち手にはトナカイの角が貼られている。

SPEC

CAPACITY	容量／約150㎖

[NO BLAND]
ロッキーカップ
Rocky Cup

多用途に使える万能カップ

金属製のカップも必需品だ。ときにメジャーになり、器になり、酒を飲むカップにもなる。そのまま火にかけて湯も沸かせる。火の傍や熱くなった平たい石の上に乗せておけば冷めにくい。

[MSR]
ヒートリフレクターウィンドスクリーン
Heat Reflector Wind Screen

形を変えられるのであらゆるシーンで使える

ガソリンストーブ用の風防がこんなに役立つとは。クルクルと丸めるとポケットにも入るサイズで、焚き火のスポット風防＆リフレクターに最高だ。

SPEC

SIZE	サイズ／約W780×H140mm
WEIGHT	重量／約57g

その他の
道具
1

[DULUTHPACK]
ログキャリア
Log Carrier

多くの薪を一度に運べる

ログキャリーはあるとないとでは薪を
運べる量が断然違う。長いものでも重
心をとれば楽に運ぶことができる。自
作もできそうだが丈夫なものを選ぼう。

SPEC

SIZE 展開時／W約590×H約970mm

[NO BLAND]
ウォーター
タンク
Water Tank

焚き火の側には
常に水を置いておく

水は常に火の近くに置いておきたい。
調理はもちろん消火用水としてだ。
あまり大きいと運ぶのが大変だし、
小さいと頻繁に汲まなければならな
い。5リットルくらいが適正だ。

使うことで唯一無二の道具に育つ

道具にはストーリーがある。それは作り手
と使い手の両方にだ。例えば上のログキャ
リーはアメリカのミネソタ州で120年以上手
作りされているダルースパックのもの。厚手
のキャンバス地にレザーハンドルがリベット
留めされている。タグにはこれを縫った人の
名前が入っていて（これはLinda作）、ホー
ムページを開けばお顔を拝見することができ
るのだ。このログキャリーを携えて僕は海で

流木を、森で枯れ枝を拾い集める。それは焚
き火をするための儀式のようなものだ。これ
から熾す火を想像しながら薪も吟味する。そ
うして2つの物語は絡み合い、唯一無二の道
具が手元に育つのだ。自分の道具はすべてそ
のようにありたいと思っている。同じような
ものでも、その道具が見てきた情景は同じで
はない。焦げ穴ひとつ、すり傷ひとつとって
もすべては道具の履歴であり物語なのだ。

椅子
Chair

スタイルによって 好みの高さを 選ぼう

焚き火用の椅子は焚き火のスタイルによって異なる。僕はロースタイルなので低いものが多い。コンパクトになるものがいい。椅子を置いたまま焚き火から離れると火の粉で座面に穴があいたりするので気をつけよう。

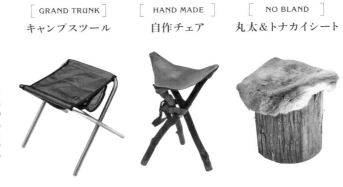

[GRAND TRUNK]
キャンプスツール

[HAND MADE]
自作チェア

[NO BLAND]
丸太＆トナカイシート

テーブル
Table

用途によって 2種類のテーブルを 使い分けよう

テーブルは大きく2つに分かれる。熱されたものがそのまま置ける金属板のものと、食事をする際の木製のもの。どちらも脚が折り畳めてコンパクトになるものがいい。使い分けることで天板に焼き焦げを残すことも減るだろう。

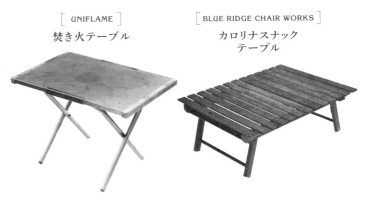

[UNIFLAME]
焚き火テーブル

[BLUE RIDGE CHAIR WORKS]
カロリナスナック
テーブル

┌─ EXTRA TOOL ─

トナカイの毛皮は 焚き火との相性がいい

直接地面に座りたいときにはトナカイの毛皮を敷く。これはスウェーデンで手に入れたもので一頭分の大きなものから座布団サイズまである。驚くほど暖かく、雪の上でも長時間座っていられるくらいだ。先住民サーミのスタイルでもある。寝る際にはマット代わりにもなって、ワイルドでちょっと贅沢な気分を味わえる。

その他の
道具
2

[Anevay]

フロンティアストーブ
Frontier Stove

SPEC

SIZE 収納時／約
W460xD260xH230mm
組立時／約
W830xD570xH500mm
煙突使用時／約H2350mm

WEIGHT 重量／約10.4Kg

焚き火とは違う面白さがある

　薪ストーブは焚き火じゃない。でも冬のテントの中で一度薪ストーブを焚いたなら、それは病みつきになるだろう。眠りにつく直前まで火を眺め、ストーブで湯を沸かし、鍋を囲み、外が雨だろうが雪だろうがテントの中はポカポカなのだ。石を乗せて蓄熱したら水をかけて今流行のサウナだってできてしまう。

　キャンプ用のストーブもいろいろあるが、やはり炎が見えるのがいい。焚き火では上昇気流によって燃えていくものが、ストーブだと煙突に空気が引っ張られて燃える様がよくわかる。煙突に熱が溜まり輻射熱となってまわりを温めるのも、焚き火の遠赤効果とはまた違うよさがある。薪ストーブをテント内で楽しむにはそれなりに大型のテントで煙突が触れるところには耐熱加工が必要だ。床はフロアレスがいいだろう。何よりもこまめな換気に留意しなければならない。

煙突は炉の中に
収納できる

脚を折り畳めばコンパクトになり、煙突もストーブ内に収納可。収納袋があるので煤(すす)で汚れても大丈夫だ。

テント内で使用する場合は
換気に十分に注意する

煙突から流れる煙がなんとも生活感があっていい。煙は比較的上空を流れる。換気は大切なのでテントの入り口は開けておくのがいい。

扉と煙突のベントで
空気量と火力を調整する

3本脚でスタイリッシュ。安定感もいい。煙突には空気量を絞るベント(換気装置)もついていて、ストーブの扉の開け閉めと合わせて火力調整が可能だ。

煙突に
固定できる
専用のケトル

別売りで煙突に取りつける専用ケトルがある。熱の一番集まるところに取りつけるので常にお湯が供給できる。コックのついた蛇口はすこぶる便利だ。

ケトルや鍋を複数置いて
同時調理もできる

薪がよく燃えるのは煙突付近なのでケトルなどをかける際は熱が一番高いところに置くようにする。天板にはさらに鍋なども乗るスペースがある。

撤収道具

[NO BLAND]
炭スコップ
Charcoal Scoop

**長時間の焚き火で
重宝するアイテム**

なくてもなんとかなるが、あると助かる一品。長時間、焚き火をした際には炉に溜まった灰や炭をすくって焚き火がリフレッシュできる。薪ストーブ用のアンティーク品を流用している。

[NO BLAND]
火消しツボ
Charcoal Extinguisher

**完全消火に
欠かせない**

本来は調理用のホーローの鍋だが、火消しツボとしてサイズ感がよく愛用している。長年使っているが問題なく使用できる。市販品にはしっかりと蓋の閉まる専用品もある。

[GSI]
ショベル
Shovel

**直火での焚き火で
活躍する**

直火の際に穴を掘るのに活躍。硬質プラスチックなのでハードな使用にも耐えてきた。ゲージがついていて、掘った深さもわかるようになっている。

焚き火の撤収道具

　焚き火道具の中でもあまり脚光を浴びない地味な道具だが、焚き火には欠かせないものだ。

　特に火消しツボはたくさんの焚き火道具の中でも忘れぬように、真っ先に積み込むことにしている。これを何度か忘れて困ったことがある。どんなにいい焚き火ができたとしても、撤収に不備があると気分はすぐれないものだ。撤収の作業は基本的に次の準備だという気持ちであたっている。だから撤収は道具の清掃やメンテナンスも兼ねている。

　時間があれば不具合などは気づいたときに修繕しておきたい。撤収道具は特に専用のものでなくてもいいが、種類やサイズ感はその人にとって使い勝手がいいものを、経験から選択していけばいい。強いて言えば買い替えの少ないものなので飽きのこないデザインで丈夫なものを選ぼう。撤収道具に限らず、すべての道具に愛情を持って接したい。

灰や炭が落ちやすい焚き火台もある。そんな焚き火台の使用時には、防燃シートが大活躍してくれる。

防燃シートとマナーについて

スパッタシートとも呼ばれる防燃シートは耐火性の繊維で作られたシートで、瞬間温度1500～2000℃の高熱にも耐えられる。主に溶接時の火の粉よけなどに使われていたのだが、今や焚き火台を使っての焚き火の際のマナーとして必需品とさえなっているほどポピュラーだ。

使用時のメリットは地面や草を熱で傷めるのを軽減できる。また、台からこぼれ落ちた灰や炭などを受け止める。デメリットとしては見た目がよくない、だろうか。僕自身も地面から高さの低い焚き火台を使っているのでこのシートはマストだ。ただ焦がす心配のない砂地や砂利の路面に対しては使わない場合もある。その判断基準は草や腐葉土を焦がす、焦がさないかだ。防燃シートは敷いている状態だと空気を遮断しているので燃え上がることはほとんどない。ただ熱は伝わるので炭化して焦げる場合がある。焦がしてはいけない

草地の上は焚き火をする場としてそもそも避けるようしているが、砂や石は焚き火に活用したりもするのでシートは敷かないことが多い。もちろん異論を持つ方もいらっしゃるかもしれないが、焚き火には忘れずに持参したい道具のひとつだ。下に敷くだけでなく、焚き火で煤（すす）汚れしたものをくるんだり、雨が降った際には薪の上にかけて濡れから守るという使い方もできる。

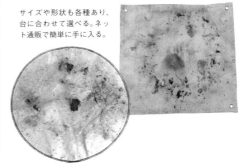

サイズや形状も各種あり、台に合わせて選べる。ネット通販で簡単に手に入る。

自宅の庭と
ラップランドをつなぐ
オンライン焚き火

Profile　トナカイの放牧やサーミ語の翻訳などを生業としている、サーミを代表する人物。今でも自然に寄り添った暮らしを実践している。また、日本の雑誌などの取材にも応じている。

サーミ人
Per-Eric Kuoljok
**パールエリック・
クオルヨク**さん

北極圏（北緯66度33分以北の地域）に惹かれ、これまで数度訪れた。
そこに暮らす先住民族のサーミ人の暮らし方や考え方が
今の世界に必要ではないかと強く思う。
そこで面識のあるパールエリックさんと焚き火対談を実施した。
本来は北極圏に出向いて直接話を聞きたいところだが、
オンライン焚き火でというのもこの時代ならではかもしれない。

焚き火の前にタブレットを置いて、一緒に焚き火を囲んでいるようなムードを作る。

"すべては森と足元にある" 北極圏での食生活

スカンジナビアとロシアの国々をまたぐラップランドと呼ばれる地域がある（「サップミ」とも呼ばれる）。おおよそ1万年近く前からサーミ人がトナカイや鮭を狩猟して暮らしていた地域だ。現在は7〜8万人といわれるサーミ人が、トナカイの放牧や観光サービスで生計を立てている。僕は仕事で北極圏を訪れる機会を得て以来、野営や焚き火を通じて北極圏の大地を楽しんできた。その悠遠な自然と親しむにつれ、この地に長く暮らす先住民族サーミ人に興味が湧くのも自然な成り行きだった。

あるとき、知人にその想いを伝えたら会わせてくれることになった。スウェーデン北部ルオクトにあるパールエリック・クオルヨクさん宅を訪ねたのは初夏の頃だった。家族で暮らしているという住まいは、一見、普通のスウェーデン人のそれと大きく変わらないように思えたが、パールエリックさんはテーブルの上に次々と冷蔵庫から取り出した小瓶を見せてくれた。それは木の実やきのこを詰めたもので薬だという。お腹が痛いとき、食欲がないとき、疲れが取れないとき、これらを飲むのだそうだ。父親から教わったらしく、これまで市販の薬

は一度も買ったことがないとのこと。また紙に包んで凍らせてあるアークティックチャー（北極鱒）やトナカイの肉を試食させてもらった。これらはすべて自分で獲って保存加工するそうだ。口に入れるもので買うものはほとんどないらしい。「すべては森にあり、足元にある。そういうふうにこの世はできている」その言葉がとても印象的だった。

ラップランドの雰囲気が出るようにトナカイの毛皮を椅子に敷いてみた。

北極圏に広がる雪の原野で淹れる
煮出しコーヒーが羨ましい。

雪解けの水を焚き火で沸かして豆
を直接入れる。理想の環境だ。

ククサで乾杯。離れていても同じ
ことを同時にやる親近感。

時間と距離を超越した
オンライン焚き火開始！

　そのパールエリックさんと再び会えたのは、オンラインでの焚き火だった。新型コロナウィルスが世界を包み、以前のように自由な渡航が難しくなった2021年、人の心が通い合えるものは焚き火と想像力だと思う。同じ時刻にそれぞれが火を熾し、その火の前で語り合おうというのだ。

　スウェーデンと日本では7時間の時差がある。僕は自宅の庭で夜7時に、パールエリックさんは北極圏でちょうどお昼の12時に焚き火をする。通訳に現地の友人である上田佐絵子さんが協力してくれることになった。開始時刻少し前に焚き火台に火を熾し、やや緊張しながらモニターに話しかけた。すぐにパールエリックさんの元気な声がかえってきた。ラップランドはまだ一面雪景色で、家から少し離れた原野で通信をつないでくれたようだ。空は抜けるような青空で、北極圏の澄んだ空気が伝わってくる。雪をよけたところに地面に直接焚かれている火が見える。小枝や薪は現地で調達したもののようだ。サーミスタイルの焚き火がうれしい。同じ時刻に地球上の遠く離れた場所で火を焚き合っている共有感は初めての経験だが、思っていたほど悪くない。

　パールエリックさんは焚き火の上に柄の長いケトルをかざし、本場のサーミスタイルの煮出しコーヒーを作っている。僕も用意したケトルを火にかけて沸くのを待っている。互いにできあがったコーヒーをククサに注いで乾杯。熱々のコーヒーを飲みながらリモート焚き火対談は始まった。

7世代先のことを考えて
行動していく

　日本は気候変動により、一年を通して災害が増加していることを話した。北極圏はどうなのかが気になるところだ。パールエリックさんはそれは北極圏でもまったく同じであると答え、世界が今とても危機的な状況であると続けた。北極では氷が溶け出し、ツンドラの永久凍土も溶解し始めている。それによって多くの動物や植物の生態に影響を及ぼしている。アークティックチャー（北極鱒）は以前に比べまったく獲れなくなったらしい。日々自然に親しんでい

る彼だからこそ、自然の変化には敏感だ。北極圏で起こることは海流や気象を通じて地球全体を包んでいく。日本の気候とも連動しているわけだ。

食べることは生きること、これがサーミの文化だという。自然界から生きるのに必要なだけの水や食べ物を得る。その源が絶えないように守ること。単純だが現代社会ではこれが難しい。彼らのいう豊かさは物やお金ではなく、安全な水と食べ物、そしてきれいな空気があること。それがいい暮らし、いい人生の基準なのだ。

地球もシンプルなもので構成されており、土、木、水、火など身近なものゆえ、破壊されたり失われるのも容易だ。確かにこれらの要素が健全でなくなってしまうと、焚き火も楽しめなくなるだろう。パールエリックさんは自分の子どもたちの世代だけではなく、7世代先のことを考えて行動しているという。土地は先祖から継承するのではなく、未来の子どもから借り受けているというネイティブアメリカンの考え方にも似ている。そう考えるとおのずと今やらなければならない大切なことが見えてくる。

焚き火跡を見れば
誰の焚き火かわかる

森を歩くと焚き火跡を見つけることがあり、それがサーミ人の焚いたものか、ツーリストの焚いたものかは簡単に見分けられるそうだ。サーミ人の焚き火跡はきれいに灰になっている。きれいに燃やした灰は土に還り、養分となりまた緑を育てるのだ。ツーリストの焚き火は燃えきっていない状態の薪が放置されていることが多いそうだ。その理由としては木のことを知らないからだという。よく燃える木かどうか、よく乾いているかどうか、どれくらいの量が必要か。これらのことをわからずに焚き火をすると、そのような結果になるのは当然だろう。そう話しながらもパールエリックさんは焚き火しているまわりに雪をふりかけ湿らせ、必要以上にまわりに燃え広がることがないよう注意を払っていた。そろそろ携帯電話のバッテリー残量が少なくなったらしい。画面から届く世界に没頭して、すっかり時間の経過も忘れていた。未来の地球人と交信したような気分だ。オンライン焚き火、またやろう。

まわりに雪をかけて過度に燃え広がらないように配慮している。

同じように火に手をかざす。火は僕らを平等に温めてくれる。

早く一緒に焚き火を囲める日がきますように。どうぞお元気で。

火燬しは３つの要素（燃料、酸素、着火源）に加えて、
「火を燬す」という人の強い意志が必要だ。
火のないところに煙は立たないように、
意志ないところに火は燬らない。
意志は目的と願望が支える。
さて何のために火を燬そうか。

CHAPTER 3
Make Fire
火を燬そう

THEORY
【 理 論 編 】

燃焼するための3つの条件

燃えるとは何か、どういうことが起こっているのか、
そこに焦点をあてることで焚き火の見え方が変わる。
燃える理由も燃えない理由も化学は知っている。

　燃えている様子をつぶさに観察すると、さまざまな現象が起きているようだ。拡大して見ることで火熾しをはじめ焚き火のやり方が変わってくるかもしれない。まず、燃えるとはどういうことか。燃焼は燃やされる物質と燃やす物質の2つから構成されており、燃やされる物質は燃料であり、燃やす物質は酸化剤と呼ばれる。燃焼に必要な燃料と酸化剤が混合され反応物質となり、それが燃焼することで高温の生成物質が発生する。その生成物質は燃焼ガスである。焚き火の際に燃える薪からまとわりつくようにガスが出ているのを観察できる。その燃焼によって熱や光を発生させているのだ。
　燃焼の化学的な定義は①発熱を伴う、②火炎が発生すると反応物質（燃料＋酸化剤）が着火温度に到達し、燃焼して生成物質（燃焼ガス）となる。その際に熱や光を急激に引き起こすの

が燃焼の正体といえる。すべてが同時に起こっているように見えるが、実は順序があることがわかる。それをふまえたうえで燃焼するための3つの条件を考えてみよう。その条件とは①燃料、②酸化剤、③着火源となる。条件がひとつでも欠けると燃焼は起こらない。ただ、それらがすべて揃っていれば即座に炎になるのではなく、それぞれが適正な反応で絡み合う必要がある。着火してもすぐ炎が起きないのは、燃料がガス化するのに十分な温度に達していないからであり、十分に酸素が供給されていないのかもしれない。それには着火源の与える熱で燃料の温度が早く上がるように燃料を細かくして一単位あたりの熱容量を小さくしてやること、燃える表面積を大きくして酸素が十分に供給できるようにすることで確実に燃焼を引き起こすことが可能になる。

1
可燃物（薪などの燃料）があること

2
空気があること

3
燃え始めるまでの
着火源があること

焚き火の化学

野外では一定量の風がふき、燃焼を促進するための空気が送り込まれる。その結果、人が暖をとるなどの恩恵が受けられる。目で見える現象と見えない現象を知ることで、火熾しの理屈も理解できる。

煙 ——

光 —— —— 放射熱・火炎

空気

燃料 ⇒ 空気 ⇒ 高温度のガス ⟺ 火炎と煙の発生

煙が出るのは不完全燃焼しているから

燃料が一定の温度に達する前に水蒸気を発生して不完全燃焼と呼ばれる状態になる。酸素を供給して燃焼を促進しよう。煙は燃え上がる一歩手前のサインだ。

爆ぜるのは水蒸気爆発しているから

焚き火中にパンッと爆ぜるときがある。薪に閉じ込められた水分が熱せられて内部で水蒸気爆発する音だ。火の粉が遠くまで飛ぶことがあるので注意が必要。

THEORY
【 理 論 編 】

着火を
するための条件

**着火は火を熾そうという
意志から始まり、火に対する人間の
理解の集大成ともいえる。
なぜ火がつくのかという原理を
知って工夫をしよう。**

　火熾しには十分な燃料と酸素が必要だ。その燃料はいくつかの段階別に用意する必要がある。スタートの着火を成功させるには火口（ほくち）が必要。燃えやすい火口の条件は乾燥していて油分を含み、そして繊維状であること。繊維は酸素を絡めやすいのだ。この3条件が揃え

ば申し分ないが、そううまくは揃わない。そこで加工をしてやる。手で素材を細かく裂く、手で揉んで繊維状にする、ナイフで毛羽立たせるなどといった下ごしらえが功を奏す。このように準備した火口は着火には最高だが、燃えている時間は短い。その炎を次々と燃え移らせる焚きつけと薪が必要だ。火口より長く燃えるよう厚めだったり大きめだったりと調合してほしい。炎をバトンタッチできる段階的な燃料が準備できたらいよいよ着火だ。マッチならすって出た炎を消さないように慎重に火口へ運ぶ。ライターは問題ないだろう。メタルマッチはより大きな火の塊を削り取って火口付近に落としてやる。もちろん、ここに風などの外的な影響もあることを忘れてはならない。風上側に自分がいることは当然のこと、火口から燃え広がる燃料は風下に向かって配置する。

自然発火の原因

　大規模な森林火災が世界的に相次いでいる。ハイカーによる火の不始末もあるだろうが、自然に発火することもある。雨が長期間降らず、森が乾燥しているところへ落雷などがあった場合だ。雨の少ない時期にスウェーデンの森に出かけたときのこと、その地面はフカフカの苔が覆っているのだが、それが乾燥してカラカラになっていた。左ページの火口の話を思い出してほしい。それは着火材に最適な状態なのだ。そこに雷が落ちたらいとも簡単に火がつくだろう。ましてや苔は森全体に広がっている。下から上に燃え上がることを考えたら恐ろしくなる。

薪がうまく燃えない理由

うまく燃え上がらない理由に木に含まれる水分が考えられるが、それだけではない。地面が冷えていたり濡れていたりすると、そこに熱を取られてしまい燃焼に還元されなくなる。なんらかで遮断する必要がある。

冷えた土の上で湿気った小枝に着火を試みるも、炎はすぐ消え、煙が上がるだけでマッチで着火するのは困難だった。

THEORY
【 理 論 編 】

煙突効果の仕組み

煙突効果の仕組みを知れば、火を熾す際の大いなるヒントになる。
自然の摂理を味方につけた焚き火をしよう。

　煙突の中の空気が外気より高温の場合、高温の空気は低温より密度が低いため煙突内の空気に浮力が生じる結果、煙突下部の空気取り入れ口から外部の冷たい空気を煙突に引き入れながら暖かい空気が上昇することを煙突効果という。別の見方をすると上部から空気を引っ張り上げて下部から新鮮な空気を引き込むので、常に良好な燃焼状態を維持して空気の流れが作れる。風などの影響ではなく、熱せられたものとそうでないものの温度差で空気が引き上げられ、また押し出されるという自然代謝で煙が発生するのだ。この現象を利用したのが薪ストーブであり、最近だとロケットストーブもこの原理を応用している。煙突に燃焼室が直接くっついたようなロケットストーブは、着火して煙突が暖まると強烈に燃料口から空気を吸い込み勢いよく

燃えていく。まるでロケットのような状態からその名がついた。煙突の役割は煙を排気する上昇気流（ドラフト）を発生させるもの。ドラフトが発生することで燃料を燃焼させるための酸素を取り入れられる。煙突の長さが長いほどこのドラフトは強く発生する。ドラフトが弱いと十分な酸素が供給されず、結果燃料が不燃焼を起こして煤などが煙突内に付着し、さらにドラフトを弱める悪循環となる。ドラフトが強いと燃焼室に十分な空気が供給されて燃料がよく燃えて良循環する。この煙突と燃焼の関係を理解すると焚き火にも活かすことができる。火を強めたいときなどは金属の筒状のものを乗せてやると下から空気を吸い込み上に抜けていく現象が起きる。その際に筒の下に少し隙間を作ってやるのがコツだ。

煙突の役目は煙を排気する
「上昇気流」を発生させること

排気量 = 給気量

煙突効果はBBQの際の炭火熾しにも応用できる。同じ高さの炭をタワー状に隙間なく積み上げ、下から着火すればみずから火柱を上げて着火できる。

ケリーケトルの仕組み

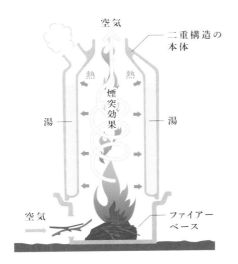

空気

二重構造の
本体

熱　　　熱

煙
突
効
果

湯　　　　　湯

空気

ファイアー
ベース

左ページで説明した煙突効果をそのまま応用したのがケリーケトルだ。P56でも紹介したが、さらに詳しくその構造を見てみよう。ファイヤーベースと呼ばれるトレイ（火床）と細長い煙突状のケトルの2つから構成されており、二重構造になったケトル部に水を入れて、燃料を入れたベースに着火するとケトル上部から炎を吹き出すように燃焼する。ケトル内部が熱せられることでさらに上昇気流は増す。中の水はケトル内側全面にあたる勢いのある炎で、狭い空間内に対流が起こるので早く湯になる。すべて自然の力を応用したこの構造は見事だとしか言いようがない。またこのケトルはキャップがホイッスルになっていて沸騰の状態がわかるのだが、これを利用すれば浄水が必要な水も素早く煮沸することも可能だ。

THEORY
【 理 論 編 】

煙 の 効 果 ・ 役 割

煙にはまだまだ知られていない秘密がある。
いいものなのか、悪いものなのか、人を煙に巻くミステリアスな存在だ。

　煙とは、不完全燃焼によって発生した個体や液体の微粒子を含んだ空気のことだ。焚き火において煙は嫌われ者だが、実は隠された効果や役割がある。まずは効果においてだが、殺菌作用や抗酸化作用がある。簡単に言うと物を劣化させない、防腐効果がある。食材を保存する方法に燻製があるが、まさしく煙の力を借りている。抗酸化作用は食物だけではなく、人の細胞にも作用すると言われている。昔は日常的に焚き火をしていたから相当に健康にも影響したのではないかと想像する。ただし吸い込んだ場合は咳など気管支の障害を引き起こしたり、燃やすものによってはダイオキシンを発生させたりと有害に転じる一面もある。

　そして煙の役割として古くから狼煙（のろし）という通信手段に使われていた（なぜ狼の煙と書くかといえば、狼の糞を火種に使っていたのが由来だ）。立ちのぼる煙は遠い場所まで目視で確認できるのだ。サインという意味ではバチカンの教皇を選出するコンクラーベは、投票用紙を燃やして礼拝堂の煙突から出た煙の色で市民に結果を伝えている。決まらない場合は黒い煙、新しい教皇が選出されたなら白い煙となるのだが、なかなか思い通りの色の煙を上げるのが難しかったようで（その中間色の灰色になることが多かったらしい）、今では薬品を混ぜて燃やしているようだ。ちなみに白い煙は主に水の微粒子（液体）、黒い煙は炭素の微粒子（個体）を含むことが多い。酸素が足りて完全燃焼したときには二酸化炭素を発生するが、酸素不足で不完全燃焼した黒い煙は一酸化炭素という猛烈に有害な気体を含むので要注意だ。

北欧で研究されている
燃焼原理の新常識

火を熾す際は下から着火する、というのが一般常識だと思う。何故ならば、火は下から上へと燃え上がるので、火の上に燃料を乗せるのがセオリーだ。しかし、ノルウェー産業科学技術研究所（SINTEF）では上からの着火を推奨している。薪ストーブ過密地帯の北欧では、一次燃焼で燃え残った微粒子や燃焼ガスが大気に放出され大気汚染の原因となっていた。それだけではなく煙突内には煤（炭素）が付着し、上方に抜ける通風の量が減り、さらに燃焼を悪化させていた。それらを二次燃焼させて、環境に負荷のかからない燃焼の研究がされてきたというわけだ。このことを焚き火に置き換えて考えてみよう。下から着火すると煙が発生する。その煙の正体の多くは可燃性ガスだ。この可燃性ガスが燃やされずに放散されているということになる。上から着火すれば炎が一番上にくることで煙は上方にのぼるので、着火して燃えて炎になる。つまり焚き火の二次燃焼を起こすようなイメージだ。理屈上では確かにそうだが、実際に薪ストーブと焚き火が異なる点は、薪ストーブは密閉空間の中であり煙突という排煙機能がある。この煙突が高温になると不燃焼で生じた可燃性ガスを再び燃やしてやることがで

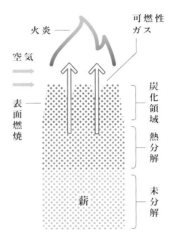

燃える薪の様子を表す断面図から、薪のどこの何がどのように燃えていくのか知ることができる。燃える現象を物質変化の順序でとらえるとわかりやすくなる。

焚き火においては含水率が低いほど燃焼効率がいい。270〜280℃に達すると、薪が急激にガス化する。

きるが、焚き火では常に風にさらされているので、一定の効果を同じように得るのは難しいかもしれない。ただ、煙を燃やすという考えが頭の中にあれば薪の置き方が変わるだろう。無風に近い状態であれば上からの着火をぜひ試してほしい。

PREPARATION

【 準 備 編 】

1 火口は乾燥した樹皮などを

マッチやライターなどで最初に火をつける対象物。樹皮は油分を含んだものも多く、加工しやすくて入手も比較的容易だ。倒木から乾燥したものを採取したい。

2 焚きつけは大量に集めよう

乾いた小枝の焚きつけはたっぷりとあったほうがいい。火熾しの場面だけではなく、煙ったときや火を強めたいときに手元にあると大いに助かる。濡れていてもすぐ乾く。

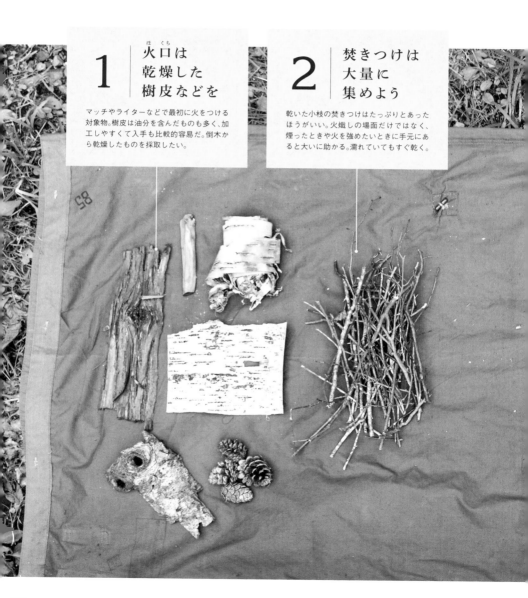

焚き火の燃料

焚き火に必要となる燃料を、燃やす順に左から並べてみた。
これらは森の中から集めることが可能だ（事前に土地所有者や管理者の許可を得ること）。

3 指ほどの太さの薪が火を育てる

人の指程度の太さの薪は炎をより確実なものにしてくれる。手でポキポキと折ってみて乾燥具合を確かめよう。燃えればしっかりと熾火（おきび）にもなってくれる。

4 太い薪は焚き火で乾燥させる

太い薪は湿っていると思ったほうがいい。いきなり焚き火に入れるのではなくしばらく焚き火台のまわりに立てかけてゆっくりと乾燥させよう。また五徳代わりにもなる。

PREPARATION
【 準 備 編 】

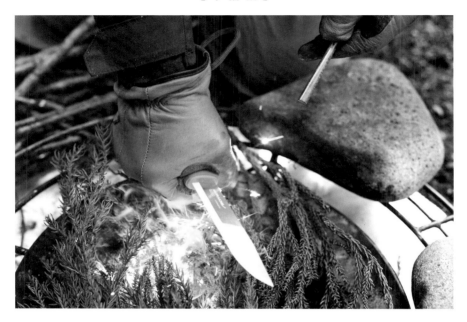

着火の対象物

着火するための材を
現地調達するのは楽しい。
まずはどんなものが着火に向くか、
基本的な知識を身につけよう。
そのうえでいろいろと試して、
新しい発見をするのも面白い。

　着火の際の対象物（火口）として適しているのは①乾いている、②油分がある、③繊維状であると記したが、①と③は努力でその精度を高めることができる。①は採取後しばらく太陽や風にさらす。寒い日はポケットの内腿付近に入れておく。帽子の中に入れてかぶっておく方法

もあるが夏場は逆効果。いずれもすぐには使わず時間を使って乾燥させる。③は本人の努力によって繊維状に変化させることができる（P98）。

　どんなものが着火材になるかの知識はあったほうがいい。日本各地で手に入れやすいのはスギの木だろう。針葉樹でもあるスギは離れた場所でも見つけやすい。下を探すより広い視野で木を見つけたほうが早い。標高の高いところや北に行った際にシラカバに出会えたらラッキーだ。油分を含む点でダントツである。低山の雑木林にはシュロの木を見つけることが多い。葉の形が特徴的だから覚えておくと見つけやすい。もちろんこれら以外にも着火に向くものはある。時間があるときは未知の素材を試してみるのもいい。採取にあたっては基本は落ちているもので。生木から樹皮を剥ぐのは控えて、倒木や伐採木から採取するように心がけよう。

スギ

日本各地で見つけられる針葉樹

スギの木は多く、入手しやすい。樹皮は表面から少し中のほうがより繊維を豊富に含む。ほぐすのに手間はかかるが、なるべく空気をたっぷり含むように細かに加工したい。

シラカバ

寒冷地限定もトップクラスの油分を持つ

標高の高いところや寒冷地に限られるが、油脂を含んだ皮は表面を毛羽立たせると簡単に着火できる。シラカバの中でもウダイカンバが皮も厚く油分も多い。雨の日でも頼りになる。

シュロ

加工の手間がいらない天然の着火材

ヤシの仲間のシュロは縦横に編まれたような樹皮が特徴的だ。それは繊維そのものでメジロもこの樹皮から巣を作る。鳥の巣をイメージして軽く丸めると最高の火口となる。

ススキ

メタルマッチで容易に着火が可能

秋から冬にかけては至るところで見かける。着火に向くのは枯れたススキだ。そして穂に綿のような種子がたっぷりとついたものが着火しやすい。身近な火口として覚えておこう。

PREPARATION
【 準備編 】

浮いている
倒木は乾燥
していることが多い

① ナイフとノコギリ

ナイフは切り取るため、ノコギリはその場で切断するためだ。安全な場所に所持しよう。

採集スタイル

対象物の採集

可能なら燃やすものは
拾い集めたい。節約にもなるが
その地のものを燃やしたほうが、
美しい焚き火の絵となるだろう。
自然界から燃料を得る際の
留意点と心得を知ろう。

② グローブ

刃物を扱う以外にも採集作業は手を傷つける可能性が高い。手の保護にグローブは常に携行しよう。

③ ログキャリー

一度の採集でたくさんの薪を運べて、分量も把握しやすい。薪置きにもなる。

　焚き火をやる場所に着いたらまずはあたりの観察からはじめる。東西南北、陽あたり、風通し、地面のコンディション、付近にどんな樹種があるか、燃料となるものは少しでも陽あたりよく風の通る場所から手に入れたい。スギの葉は木の枝に引っかかっているものがいい。地面は思いのほか湿っているからだ。乾き具合を確認するのに小枝を折ってみよう。ポキポキと乾いた音がすればよいが、音がしないものは生木かもしれない。音の確認に加えて手のひらや肌に軽くあてれば湿り気を感知できる。できる限り乾いたものを集めよう。暗くなってから探すことは困難なので、多少は余裕を持った量を集めておきたい。ただし、何事も欲張りすぎないように適量を心がけよう。

　集めたものはサイズ別で分類しておく（P92）。何がどれくらい手元にあるのかを見た目ですぐに判別できるからだ。シート上に展開しておけば陽あたりや風向きが変われば移動ができるし、雨が降ればそのままシートを畳んで濡れから守ることができる。また地面からの湿気で湿るのも防げるだろう。

＊事前に土地所有者やキャンプ場の管理者に採取の可否を得る。基本は落ちているものを採取するようにしよう。

樹皮の採取 ❶

倒木や伐採木を探す。陽あたりがよく開けた場所にあるものがベターだ。キャンプ場ではそれを利用する可能性もあるので管理者に事前に確認をとってから行うこと。そして倒木は動か

すと、思いもよらない生物が出てきたりする場合がある。蜂などの巣になっている場合もあるのでよく観察してから。過度には採らず、必要な分だけを採取するよう心がけよう。倒木ごと運びたい場合にハンドチェーンソー（P61）があると持ち運べる分を切り取れる。

樹皮をよく観察し、浮いている箇所を探して軽くナイフでめくる。表面を削ぐように切り出しのきっかけを作る感じだ。

ナイフを持たない手で皮を引っ張るように保持し、テンションをかけながら刃を進める。ナイフに大きな力はいれない。

樹皮の採取 ❷

立ち枯れた木を探す。倒木同様に陽あたりのいい場所が乾燥に優れる。立ち枯れた木は葉がなく、樹皮にきのこなどが寄生していることもある。大木だと上から枝などが落下して思わぬ

怪我をするので、むやみに触らないことだ。また倒木同様に蜂の巣などがある可能性もある。よく観察したうえで採取にのぞみたい。また大きく立派な孤高の枯れ木は森の守り神かもしれないからそっとしておこう。立ち枯れているとはいえ、自然景観の一部であることを尊重しよう。

立ち枯れた樹皮は簡単に剥がれることが多い。乾かせば火口にもなり、大きな皮が採取できれば皿代わりにもなる。

手で剥がしていて途中で割れそうなときはナイフの刃をあてて慎重に進める。きれいに大きく取れたらうれしいものだ。

PREPARATION
【 準 備 編 】

対象物を加工する

火熾しはあえてひと手間をかけたい。
自分の手から生み出す瞬間に喜びを感じたいのだ。
技術と同じくらいムードづくりも大切である。

　採取したものはそのままでは着火率は高いと
は言えない。燃えやすいように加工してやる必
要がある。この加工の工夫こそが火熾し時の醍
醐味とも言える。

　例えば繊維は素材の構成物なので加工して取
り出してやらねばならない。ナイフの背を使っ
て毛羽立つようにしごいてみたり、手でよく揉
んで繊維を抽出する。作業をはしょってしまう
とそれなりの結果になる。急がば回れで、ここ
は丁寧に楽しんでやりたい。人間の手はこの加
工のためにできているのではと思うことがある。
揉む、こする、裂く、伸ばす、ちぎる、包む

……。両手を駆使すれば大抵のことができる。
現代人が忘れかけている大切なことだ。手間を
かけて繊維状にして空気をふんわりと含ませれ
ば火口（ほくち）のできあがりだ。ここにひと
粒の火種が落ちると見るからに燃えそうだ、と
いうムードになっただろうか。それが肝心だ。
燃えないものは見た目にもそのムードがない場
合が多い。自然の中での行動は数値化できない
ことが多い。その人の感性が大切なのだ。その
感覚も養ってほしい。こうしてできあがった火
口に火の種を放ち、見事に炎になったならこれ
以上の喜びもないものだ。

シラカバの皮を加工する

1 シラカバの皮は縦方向には手で簡単に引き裂けるが、横への切断にはナイフが必要だ。使うサイズに切っておくといい。

2 適度なサイズに切ったら表面をナイフの背でしごくように毛羽立たせる。ここに着火して焚きつけまで運んで火を移す。

スギの皮を加工する

1 採取したスギの皮の裏側を上部から爪を立ててきっかけを作り裂いていく。細い紐状のものを何本か剥いでいく。

2 いくつかの紐状態の皮を手に取り、丸めるように手の中で揉み込む。スギ皮が粉になって飛散するので風向きに注意。

3 ときどき丸めたものを手で引っ張って開くようにする。これを何度か根気よく繰り返すと繊維がより細かくなる。

4 開いた状態から手で優しく丸めると球状になる。これで完成。火の粉が落ちると燃え広がるようなムードが伝わるだろうか。

POINT!

人工物でも対象物になる

自然の中から着火材を見つけるのは楽しいが、身のまわりのものから見つけ出すこともできる。それらは普段から携帯しているものや100円ショップやコンビニなどで手軽に入手できるものも多い。自然界から得るものより圧倒的に乾燥しているから、繊維状に加工する方程式をあてはめれば立派な火口となる。覚えておけば災害時にも役立つだろう。

割り箸　麻ひも　牛乳パック　ティッシュ

PREPARATION
【 準 備 編 】

よく燃えてくれる
針 葉 樹

主にスギ、ヒノキ、マツなど。木目がまっすぐで割りやすい。木の密度が低く乾燥も早い。油分を含むものが多く火つきがいいが、早く燃え尽きる。煤（すす）や刺激のある煙も出やすい。

火持ちがいい
広 葉 樹

主にナラ、カシ、ケヤキなどがある。大きな節があると割りづらい。木の密度が高い分、乾燥しにくく重い。火つきは悪いが一旦燃えると火持ちがいい。良質の熾火になる。

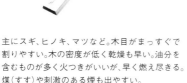

薪 の 種 類

薪を知ることは森を知ることだ。
燃料となる前の木の姿も
想像してみよう。
森のいろいろな木の種類が
自分の焚き火と噛み合えば、
もっと焚き火が楽しくなる。

薪がなければ焚き火はできない。薪には樹種によっていろいろな特性がある。焚きはじめに向くもの、火持ちがいいもの、火力が強いものなどなど。それらをしっかりと理解すればより焚き火が楽しめる。キャンプ場などでは針葉樹と広葉樹を分けて販売しているのを見かける。値段や量でどちらかを選ぶという人もいるが、両方を入手するのがいい。針葉樹と広葉樹をうまく使い分けることで、火熾し、調理、暖とりなどがうまくいくし、結果そのほうが経済的かもしれない。また燻製作りなどにも活用できる樹種もある。

薪は燃やすだけではもったいない。箸やス

香りを楽しむ
果 樹

果樹を薪として燃やすことがある。リンゴの木、モモの木、ブドウの木。割った木肌から甘い果物の香りがするし、燃やすと甘い香りの煙が出る。香りだけを楽しむ焚き火も贅沢だ。

着火材・薪として優れる
シ ラ カ バ

シラカバは薪燃料として最強ではないだろうか。樹皮は強力な着火材となり、薪としても火力も強くよく燃える。雰囲気もいい。寒い場所に分布している意味がよくわかる。

プーンやバターナイフなどの食器を作ったり、拾い集めたものなら二股に分かれている部分を物かけにしたり、長いものならタープの支柱や三脚を作ったりもできる。焚き火まわりにそういった創意工夫されたものが並ぶと、途端に素敵な空間になる。

薪を買うよりも拾い集めることの多い僕は「地産地燃」を心がけている。森に行けばそこに落ちている木で、海に行けば浜に流れ着いた流木でといった具合だ。これが一番焚き火をしていて絵になるし、循環的見地からも理にかなっているように思うのだ。焚き火をする行為はその場所と関わることでもある。

薪の含水率について
生木は約50％の水分を含んでいる。薪にするなら20％以下が理想的だ。人工的に乾燥させた15％の薪を燃やしたことがあるが面白いように燃えた。その分火持ちは悪い。世の中うまくできている。

PREPARATION
【 準 備 編 】

ナイフで薪を割る方法

1 木の台があるといい。ナイフの根元付近を薪の上部にあててバトンで軽く叩き込む。

2 ナイフの突き出ている部分を硬いバトンでリズミカルに叩いていく。

斧で安全に薪を割る方法

1 割りたい箇所に斧をあて、置いてから薪と斧を一緒に持って台に打ちつける。

薪割りの
テクニック

薪割りは焚き火には必需だ。
より安全に確実に薪割りが
できる技術をしっかりと身につけよう。
小割りにした薪をたっぷり用意できると、
焚き火の成功は約束されたようなものだ。

　焚き火をうまくやるコツは小割りにした薪をたくさん用意することだと言いきってもいい。それくらい焚き火にとって小割りは重要だ。焚きつけるだけではなく、小割りの薪をつぎ足すことで火力を調整できる。小割りは大きな丸太から繰り返し割って作っていく。薪割りは焚き火と切り離せない作業なのだ。

　大きな刃物を使う薪割りはその分怪我のリスクも大きい。できるだけ安全に薪割りをしたいものだ。木に節がないかをよく観察してから薪割りにのぞもう。大きな節があると割れにくいだけでなく、道具を傷めたり、怪我をすること

3 ナイフ先端が下がらないようにナイフを持つ手をホールドして水平を保つ。

4 最後まで叩くと刃が傷む恐れがあるので、ナイフをひねって薪を開き割る。

2 一度で割れなければ、台に繰り返し打ちつける。柔らかな地面より台がいい。

3 斧が入ったら横にひねって割る。斧を振りかざすことなく、確実で安全だ。

もある。節のある薪は無理に割らずにそのまま燃やしてしまおう。また薪割りには作業台があるといい。薪割りの際に刃物が硬い地面にあたると刃が傷むし、叩く際の衝撃を柔らげてくれる。運搬が可能なら専用の丸太があると椅子や台にもなり便利だ。あとはフィットするグロー

ブも必要だ。ハンドル（柄）と相性のいい素材を選ぼう。ラバーハンドルにはシリコン素材が吸いつくようにグリップするし、木のハンドルには革素材が相性がいい。手の保護という観点からもグローブは欠かせない。関連ツールも揃えて安全に楽しく薪割りをしよう。

燃やせなかった流木の話

燃やせる流木と燃やせない流木がある。
それを決める自分の中の基準は一体何なのだろう。
燃やされず残った流木を眺めて考えてみた。

いくつも分かれる支点を持ち絶妙
なバランスで構成されている流木。

これほど長いものが折れずに流れつくのは珍し
い。腐らずしっかりしているのでポールにした。

海辺に暮らしていたのでこれまで数えきれな
いくらいの流木を拾ってきた。自宅前の浜には
あまり流木が打ち上がらないが、隣の浜にはた
くさん上がることを知り、いつも同じ場所で
拾っていた。それは焚き火をするための燃料集
めであって、特別な何かを探していたわけでは
ない。たいていは小枝から中間サイズの、薪に
よさそうなものをログキャリーが膨らむくらい
集めるのだが、そういった中でおやっと感じる
流木に出会うことがある。それはたいてい燃料
用に集めているものとは違い、規格外というか

個性を持つものだった。それは何かの機能を想
起させるものだ。例えば鍋を吊り下げる鉤（か
ぎ）になりそうだとか、ヤカンの蓋を持ち上げ
るリフターになりそうだなど、自分のどこかに
ハマるものであること。個性があっても収まり
がなければ（何かが不足していれば）燃料グ
ループに追加される。

　もうひとつ燃やせない流木がある。それは具
体的な機能があるものではなく、その形に訴え
かけてくるものがあると言えばよいか。素直に
燃やすには惜しいと感じるものだ。燃やさずに

流木には、
潮や石に洗われ、
陽にさらされ
エイジングされた
風格と威厳がある

機能があるだけでなく自然の造形
美がある。サイトが華やぐ存在感。

平たい板状の流木は皿や
カッティングボードに活
用。焚き火のワイルドな
料理がさらに映える。

持ち帰ってくるものだから増える一方である。一度集まったものを並べて眺めたことがあるのだが、共通することがあるのに気がついた。それらはおおよそ骨に見えるのだ。丸みや直線ではなく、微妙なアールを持つ曲面。形のみならずツルッとした白い木肌もそれを連想させる。潮や石に洗われ陽にさらされエイジングされた風格と威厳がある。骨のようなものが美しいと感じるのには理由があって、シンプリシティという考え方に近いのではないかと思うのだ。「完全とはありのままの姿に戻ったとき、つまり加

えるものがなくなったとき、取り去るものがなくなったときに達成される」というものだ。骨は究極の美の形なのではないだろうか。だから安易には燃やせなかったのかもしれない。いつの日かこの骨のような流木だけで焚き火をやろう。自分の中で最も美しい火が熾せるかもしれない。

流木は拾ってもまた打ち上がってくる。遠くの森から川を経て、潮にのって僕のいる浜に運ばれてくる。今も波間を漂っている流木がいる。そう考えると、次はどんな流木と出会えるのかワクワクする。

IGNITION
【着火編】

自然物を使って着火する

火をつけるだけなら市販の着火材でもいいだろう。
手っ取り早く確実に火を得られるが、
火を熾すのならそこの土地や自然と関わりたい。
みずからが循環の一部となって自分だけの火を熾そう。

　僕も以前は市販の着火材を使っていた。灯油を染み込ませていたり、ゼリー状のアルコールのようなものだったが、とにかく簡単に火がつくし、確実に燃え上がる。それには目的に対しての否定し難い確実性がある。しかし、続けていくうちに疑問が生まれてくる。食べ物を作る火を熾すのに灯油の匂いからはじまることへの生理的な感覚、もうひとつは同じ火を扱っていた先人たちのことだ。ここに想いを巡らせるとこれを使うことがフェアな感じがしない。しっくりとこないのだ。焚き火は先人の追体験でもある。昔と変わらぬ火を味わいたいが、毎度木をすり合わせて熾すほどの根性はない。せめて自然から得たものだけで、できればその土地のものを使って火を熾そうという願いである。つまり、自分だけの儀式を持とうという話だ。

🔥 スギの葉に着火する

スギの葉は焚き火の心強い味方だ。木の下には枯れた葉が枝ごと豊富に落ちている。ざっくりと重ねても適度な空気の隙間を作ってくれるし、油分があるので火力も強い。また燃えたあとも小さな熾火となって空気を送り込むとしっかり応えてくれる。湿り気にも強く期待を裏切らない実力の持ち主だ。カラカラに乾いていて、大きな火花を落とせたら直接着火も可能だ。

1 空気のスペースを意識してスギの葉を敷く。その上に折った枝を放射状に重ねる。

2 スギの葉に向かってメタルマッチをすり下ろす。なるべく大きな火の塊が落ちるように。

3 火がついたら風を受けて燃料が燃え広がるように、焚き火台を回してやってもいい。

4 炎が確実に燃えてくるまでは薪をいじったり、息を吹き込んだりせずしばし見守る。

5 火の勢いが弱まってモクモクと煙が出るのは、酸素が不足している状態のサインだ。

6 焚き火の真ん中に向けて空気を吹き込もう。火に勢いが戻ったら燃料も追加しよう。

IGNITION
【着火編】

🔥 スギの皮を使って着火する

　スギの皮での火口（ほくち）作りは先に説明した通り（P99）だが、ここでは1本のスギの木から火口、焚きつけ、燃料までが揃うことに注目したい。スギは国内では見つけやすいポピュラーな木だ。スギの木さえあれば焚き火ができてしまうということは焚き火好きにとっては福音と言えるのではないだろうか。たとえ丸太状のスギの木が手に入らなくとも、皮つきの薪であれば皮と木材を分けて使えばいい。乾燥させたり燃えやすく加工するのは人間の仕事でもあるので、その知恵を加えるとスギと人間の組み合わせはより完璧なものとなる。スギの皮は腐りにくいので、古くから屋根や壁材に活用されたり、土壌改良材としても重宝されるものだった。春になるとその花粉で苦しめられるが、それだけではなかったのである。

1 スギの葉を焚き火台に適度に敷き、真ん中に繊維状に加工したスギの皮の火口を乗せる。

2 火口に向かって火花を飛ばす。もちろん、ライターやマッチを使ってもいい。

3 小さく燃え始めたときにあまり動かさないようにする。炎がまわりの温度を上げている。

4 煙を出しながら炎が確実に燃え上がっていく。息を吹き込むのはここからだ。

🔥 シラカバの皮を使って着火する

シラカバの皮は入手場所が限られるが、一度使うと病みつきになるほど着火には心強い。僕は定期的に北海道の知人から送ってもらっている。シラカバといっても、シラカンバ、ダケカンバ、ウダイカンバと種類があり、着火材として最適なのはウダイカンバではないだろうか。他に比べ樹皮が厚く、また油分も多く感じる。繊維の通る方向には簡単に手で裂けるので、あ

る程度細かくちぎれば巻きつくような立体的な形になり空気のスペースも確保しやすい。燃えると黒い煙が出るくらい豊富な油分が含まれる。大きなシラカバの木からは大きな皮が採れるので、皮の裏側を便箋代わりにしていた文化も古くからあるようだ。バーチという英名の語源は「樹皮に文字が書ける木」が由来だそう。生活に深く関わっていた自然物を使いこなそう。

1 ファットウッド（松の油が固まったもの）を削って焚きつけとして使ってみる。

2 小さく切って表面を毛羽だてたシラカバの皮にメタルマッチをすり下ろすように着火。

3 ファットウッドを削ったものを敷いておき、そこに火のついたシラカバの皮を運ぶ。

4 種火が焚きつけに引火したら、シラカバの皮の火は消して再利用しよう。

APPLICATION

【 応 用 編 】

機能的な焚き火をしよう

焚き火はただそこに燃えているだけだ。
それを便利な道具にするのは人の知恵だろう。
人にとって恩恵のある火を焚こう。機能的な焚き火をしよう。

風防兼乾燥する焚き火

湿った薪を壁のように重ねておく。薪の乾燥や風防、熱の輻射などの恩恵もさることながら、焚き火台がカモフラージュされて直火感が増す効果もある。

　焚き火にはさまざまな役割がある。それは人と焚き火が長い時間の中で育んできたものだ。何も教えていない子どもも焚き火に触れているだけで、そのいくつかを自然と理解するだろう。そこからもっとこうすればさらに暖かくなる、とちょっとしたアイデアが生まれるはずだ。焚き火はただそこで燃えているだけだが、人がいろいろと工夫をすることで、効率的にその機能が享受できるようになる。

　例えば湿った薪を火のまわりに囲うように積み重ねてみたとしよう。焚き火の熱で薪の水分は蒸発していくとともに、積み上げられた薪に熱が反射し増幅される。また、風上側にそれを作れば風に炎があおられるのも防げる。焚き火をする人にとって一石三鳥の効果が生まれる。暖かさが増すだけではなく、この状態で手前側に水を張った鍋を置けば、何もない状況より格段に早く沸かすことができるだろう。

　できれば人の作ったものではなく、自然の中にあるものでそれを組み立てたい。それができ

たときのパズルが解けたような気分はきっといいはずだ。先人たちもそうだったに違いない。「想像力」と「創意工夫」、人が他の動物とは違う所以である。人にとって恩恵が膨らんでいくようにプリミティブな焚き火をクリエイティブに楽しもう。

灯りとしての焚き火

焚き火を灯りとして機能させるには燃えている薪を高く組むようにする。火の形を高く組むにつれ周辺が明るくなる。

APPLICATION
【 応 用 編 】

焚き火台別
薪の組み方

千差万別の個性豊かな焚き火台。
そのユニークな形状にはそれぞれ
理想とする燃やし方があるはずだ。
それを見極め、美しく燃やしてやろう。
美しい焚き火は台への
理解の上に成り立つ。

　焚き火台にはさまざまな形状があり、画一的な薪の組み方ではうまく燃やせない場合がある。燃やす炉の深さが30cm近く深いものもあれば2cmほどの浅いものもある。火床も金属板もあればメッシュ素材などもある。焚き火台の特徴

をよく観察して、燃え上がる様を想像したうえでそれぞれの台に合った薪の組み方を考えよう。基本形は火口（ほくち）、細かな枝の焚きつけを設置した上に小割りの薪、やや大振りの薪を乗せた状態で下からの着火を想定した。下から上へと燃料を伝って炎が燃え上がるにつれ、焚き火台の下から新鮮な空気を吸い込み、上に向かってさらに上昇気流を発生させて安定した焚き火になるようイメージしている。風向きによっても組み方は異なるのだが、焚き火台を使う利点のひとつ、移動をすればいい。風向きに合わせて焚き火台を防燃シートごと回してやれば風に対して理想の角度になるだろう。焚き火台に合わせた薪の組み方ができるようになれば台への理解が深まり、焚き火はさらに楽しくなる。

四角錐型

焚火台

［組み方］
四角錐の焚き火台は火口を置く位置が深いところになる。種火もチャッカマンのような長いもので点火しないと難しい。内壁面をうまく利用して焚きつけや小割りを宙に浮かせて空気のスペースを確保しよう。

[MONORAL]
ワイヤフレーム

[組み方]

メッシュの焚き火台は吊り下げ
の強度はあるが、底に安定感は
ないのでやや慎重に組み上げて
いく。基本は四角錐と同じだが、
壁が立ち上がっていない分、立
体に組む限界があるので薪を乗
せすぎないようにしよう。

平面型

[STC]
ピコグリル

[組み方]

横長な焚き火台は風の向きに対
して平行に台を置くようにすれ
ば空気の通りがよく燃えやすい。
焚き火台の強度があって安定す
る位置に薪の重量がかかるよう
に並べてみよう。できるだけ立
体感を持たせるのがコツ。

横長型

APPLICATION
【 応 用 編 】

直火の魅力

甘美な直火を経験すると、
なかなか台での焚き火に満足ができなくなる。
それは一見、同じことのように思えるが、
まったくベクトルの違うものなのだ。
その2つは永遠に重なり合うことはない。

　直火と聞くと甘く切ない気分になる。いい想い出も苦い想い出もあるからだ。昔のアウトドア教書には焚き火についてあまり多くは書かれていない。調理を目的とするならば液体燃料かガスのストーブを使うべきで、焚き火は環境や美観も損ねスマートじゃない。確かにそうだ。そうなのだけれど、それだけじゃないんだ、と反論したくなる。火を焚く大切な理由は他にもある。しかし自然を愛するひとりとして矛盾も大きい。直火はその揺れる中にある。

　今は焚き火台というものがある。その選択も

ふまえて直火は魅力的なんだと再認識したい。地面からダイレクトに伝わる熱、野趣あふれるそのありさまは決して台では味わえない。だからどちらかと言われても困る。僕は直火が許される場では直火を選ぶ。そしていつも以上に丁寧に慎重に焚き火を楽しむ。それは後始末にかける時間が物語る。直火は何かと面倒（特別）なのだ。それはほんのわずかな機会で98％は焚き火台を使っている。多くのキャンパーもそうではないか。日常は台上の焚き火だが、直火には永遠の憧れと畏敬の念を持ち続けたい。

1　防燃シートを広げてその上に土を集める。できれば湿り気の少ない無機の土を探したい。

2　シートの端を持ち上げて土を真ん中に寄せてから手で固める。野球のマウンドがイメージ。

マウンドファイヤー という選択肢

　これはアメリカのバックパッキングの本で知った方法だ。ストーブがない環境で、最低限の湯を沸かしたりビバーク時に暖をとるような非常時的な意味合いで紹介されていた。その場で作る焚き火台と考えればいい。なるべく環境にインパクトを与えないように無機の土（実際は難しいが）を集めて、焚き火が済んだら土を再び散布するというものだ。シートごと移動もできるので実用性は高いだろう。覚えておいて損はない方法だ。

3　真ん中にお椀状の穴を作り、底に火床になるよう小枝を敷き詰めよう。湿気防止にもなる。

4　その上に火口（ほくち）と小枝を丁寧に組みあげて着火する。

5　炎が安定するように適宜薪を追加する。薪はすべてすぐ燃えきる小枝でなければならない。

6　太めの枝を2本五徳にしてシェラカップをかける。灰を土に混ぜて散布して終了。

CRAFT
【 作る編 】

石でかまどを作る

直火では石で作るかまどは常識だ。
実を言うと焚き火台でも石と仲よくありたいのだ。
石の持つ魅力と効果を知ったら、焚き火観が変わるかもしれない。

今や僕の焚き火に石は欠かせない存在となっている。石のない焚き火は考えられないくらいだ。それくらい石と焚き火は相性がいい。そもそも直火を組むときは焚き火の外周に石を並べる。それは風防効果のみならず、網や五徳を渡したり、そして何より蓄熱効果が高いので焚き火がさらに暖かくなるブースト効果も備えている。そんな高機能な石は現地調達できて、しかもタダなのである。同じ機能を焚き火台の付属品に求めたら、相当に高額なものになるだろう。

オリジナルで作った焚き火台は試作の段階から石を台のまわりに並べる算段があった。JIKABIという商品名からもわかるように、限りなく直火に近い焚き火台にしたかったのだ。特に風防らしき構造を持たないので、風がある日は石を立てて、ない日は寝かせて、と石の中で火が焚かれているビジュアルが欲しかった。石の恩恵に気がついている焚き火台ユーザーはほとんどいないだろう。

燃える焚き火の熱を石は黙って受け止めている。

だからこれが流行れば焚き火界に革命が起こると思っていたのだ。

石であればなんでもいいわけではなく、サイズや形にもこだわりがある。大きなものは持ち運びにもよくないので、小ぶりなものがベターだ。石でかまどを作る際は、石の高さがきれいに揃うと五徳を置いた場合でも水平が保たれて具合がいい。そうでない場合でも手元付近に置いておきたい石が一点ある。それはなるべく平たい石だ。沸いたケトルや温かい飲み物が入ったシェラカップなどを置いておく石で、下からずっと保温されて冷めにくい。平たい石がかなり熱く焼けたなら餃子や肉なんかも石焼きできるだろう。北方先住民であるサーミ人が言った「必要なものはすべて足元にある」は本当だ。燃やす薪と同様に現地調達していきたい。だから薪を拾う際についでに石も探している。フィールドに着くといつも下をキョロキョロしている理由はそれなのだ。

【作る編】

石の高さが揃うと五徳を渡して
安定したミニマムキッチンがで
きあがる。そこには現代と原始
が同居している。

CRAFT
【 作 る 編 】

ブッシュクラフトで焚き火を楽しむ

現代のキャンプにはたくさんの道具が必要だ。
たまにはわざと忘れ物をして、現地で作ってみてはどうだろう。
シンプルな道具と技術で生きる道具を作り出そう。

　ブッシュクラフトが人気だ。ブッシュクラフトは自然環境の中でシンプルな道具を使って生活を組み立てること。サバイバル的な要素も多く含むが、考えてみれば昔の人間は毎日がサバイバルだったに違いない。焚き火もそのひとつだ。焚き火をするときに必要な道具を、自然の中から得られる材料とちょっとした技術で作り出せたら素敵なことだ。落ちているものが生活の道具として活用できたら環境や道具への見方が変わってくるかもしれない。そういう生きる自信にもつながることを遊びとして取り入れるのはとても有意義なことだ。

　僕の好きな言葉に「創意工夫」と「臨機応変」がある。アウトドアでの座右の銘だ。ないものや失くしたものにフォーカスしてあれこれ嘆くより、何かを作り出そう、生み出そうというマインド。何がなんでもこれでなければならないという視野の狭い固定観念ではなく、状況に寄り添ったおおらかで柔軟な判断。困ったときにはこの2つの言葉を心の中で呪文のように唱え、これまで窮地をしのいできた。そんな精神を具現化したのが、ブッシュクラフトではないかと個人的には考える。焚き火のそばで手を動かすのは楽しいものだ。下手でもいい。楽しいものを作り出そう。

焚き火のそばで
手を動かすのは
楽しい！

ナイフ形の木べらを作る

　木べらは鉄板や鉄皿で料理する際の必需品だ。鉄板の上で焼けたものを返したり切り分けたりするのに、金属のナイフを使ったらナイフの刃を傷めるし鉄板も傷ついてしまう。ガリガリと焦げつきを落とすのも、もちろん木べらに限る。僕はそれ用の木べらを数本持っていて、状況によって使い分けている。すべて手製だ。作り方は簡単なので覚えておこう。

1 作りたい形をナイフで型どる。削る木は薪の中から節のない柔らかな針葉樹を選んだ。

2 くびれの大きいあたりに横からノコギリで切れ目を入れてから、バトニングで落とす。

3 下書きに沿ってナイフで削り落としていく。細部は慎重に。厚みは最後に調整する。

4 削るナイフを見ながら木製のナイフを作るのは楽しい。ナイフの観察にもなる。

CRAFT
【 作 る 編 】

トライポッド（三脚）を作る

　三脚はキャンプ生活において役立つ道具のひとつだ。焚き火の上で鍋を吊ったり、ランタンを吊ったりと、その応用範囲は思いのほか広い。木が見つからないような河原でのカヌーの旅も、パドル3本をロープで結びつけてランタンハンガーを作ったりする。三脚は鍋を吊るす際に抜群に安定感がいいのと、吊り下げた鉤（かぎ）で高さを変えて火加減の調整ができるのがいい。僕は分割式の比較的軽量なものを使っているので、ある程度重いものを吊るそうと思ったらしっかりした脚のものが必要だ。ただし、しっかりした三脚は重く荷物にもなるので現地で材料を調達して自作するほうがいい。鉤となるフックは邪魔にならないので持参している。

　また、これを作るとぐっと焚き火の雰囲気がよくなるのだ。ティピーテントを彷彿とさせる三角形は、大きく立体的なので見栄えがする。子どもたちと一緒に小さなものもいくつか作っておくとランタンや浄水器をかけて置いたりするのにとても役立つのだ。用途に合わせて具合のいい長さに作れるのもいいし、キャンプで地面に直接つけたくないものは意外に多い。使ったあとは解体して燃やしてもいいのだけれど惜しくなって結局、持ち帰ることが多い。

1 なるべくまっすぐで太さの近い木を3本調達する。これが一番難しいかもしれない。

2 長さが不揃いなものは切り落としてしまおう。この姿勢は長い木を切るのに向く（P123）。

3 3本の木を並べパラコードで縛っていく。それぞれの木に交互にロープが絡むように。

4 横方向がある程度巻けたら縦方向にも縛る。縦方向をキュッと締めるように縛る。

5 不要な出っ張りなどを斧で落として全体を整えてやる。これで完成だ。

6 ランタンをかけるのにちょうどいい位置に枝が出ていたので切れ目を入れて溝を作った。

CRAFT
【 作 る 編 】

ポットクレーンを作る

ポットクレーンは1本吊りでトライポッドよりずっとシンプルだ。バランスをとるためのアイデアが盛り込まれていて、知的な感じがする。2本のY字型の枝を1本は支柱に、もう1本は逆さまに押さえとするあたりが憎い。どこか仕掛け罠にも似た繊細な作りだ。これを成功させる

には的確な素材選びと加工しながらのバランス調整など、高度な技術と経験が問われる。また、鍋をかける際も中身を揺らさぬよう慎重に取り扱わなければせっかくの料理が台無しとなる。なんとも緊張感のある工作物だ。一度に決め込まないで、仮組みで調子をとりつつ仕上げていこう。それだけにできあがった様は美しい。そんな芸術作品を作るつもりで挑戦してほしい。

1 クレーンの要になるしなやかな長い棒とそれを受ける支柱のY字型の枝を手に入れる。

2 Y字型の下部分は地面に突き刺すので斧で尖らせる。この長さがクレーンの高さとなる。

3 押さえにするY字の枝も必要。こちらは下部2本の先端を尖らせる。上部は直線カット。

4 クレーンの長さを調整。長い枝を切る際はこの姿勢が楽に安全に切断作業ができる。

5 仮組みをしてみる。位置関係や吊り下げたいものの高さやしなりもチェックしておこう。

6 クレーン先端のポットを吊る位置にナイフで溝を掘る。V字に切れ込みを入れよう。

7 先端に鍋を吊ってもクレーンが倒れないよう重しを乗せる。大きめの石がいい。

8 ポットクレーンの完成。自己満足の世界だが、うまくいくと楽しいものだ。

POINT!

風の動きを読む

タープは日除けや雨除けであるが、張る形状によっては風を通す機能もある。焚き火に近い場合はポリコットンをすすめる。

POINT!

焚き火台の位置

サイト作りの一番のポイントになる。煙のいく方向に常に注意を払おう。場合によっては移動する柔軟性も持とう。

ENJOY
【 楽しむコツ編 】

焚き火を
楽しむための
サイトレイアウト

レイアウトで重要なのは
焚き火を中心に考えること。
焚き火位置が決まれば、
おのずと他の配置も決まってくる。

レイアウトとはものを配置するだけではなく、総合的に導線を考えるということだ。まず展開すべきものは何か。テント、タープ、テーブル、椅子、焚き火道具やハンモックなど。泊まりか日帰りか、人数によっても数や規模が異なるだろう。おおよそ必要な面積も把握しておく。どんなことをするか。焚き火で調理、タープの下で食事、ハンモックでくつろぐ……そして気象の予測が重要だ。天気予報、風速、風の向き、さらに環境の情報も加える。方位、標高、近隣の状況、地面のコンディションなど。人間がどのように動き、太陽光はどう差し込み、焚き火の煙や火の粉は昼夜どのように流れるのかを予

POINT!

化繊のテント

テントの素材もさまざまだが、化繊なら焚き火からはなるべく離して設置する。風下になる他者のテントにも注意を払おう。

POINT!

切り株や
根の近くは避ける

露出した木の根は足を引っかけやすく夜間は思わぬ怪我を招く。目印になるようなものを置いたりと予防策を取っておこう。

測してみる。特に煙や火の粉は他者に迷惑をかけたり、最悪火災の可能性もあるから位置決めは慎重に。

　今回は焚き火を楽しむためのレイアウトなので目的を中心に考える。つまり、どの位置で焚き火をやるかだ。そこから風上、風下を考えて大物の配置を考えると進めやすい。写真の撮影地を例にすると、標高1200mほどに位置していて山の斜面にあるキャンプ地だ。山の場合は上下の方向に風が流れることが多いので、焚き火をする位置の上下方向が煙や火の粉の導線と基本考えればいいわけだ。その位置からずらしてタープ、テントを張るようにする。スペースの

展開上無理がある場合もあるので"ずらす"という考え方がいいだろう。

　もうひとつ、焚き火の位置決めに重要な点がある。地面は草のない平らな場所を選びたい。そして焚き火は熱が垂直に上がるので木立の中や張り出した枝の下などは避けるべきだ。これらに留意して焚き火の場所を決め、またソロキャンプなどはもっとコンパクトにレイアウトする。これは一例にすぎないので基本的な考え方の参考としてほしい。いずれも自然相手なので完璧はありえない。状況によっては途中でレイアウトを組み直す必要も出てくるかもしれないので柔軟性を持ってのぞみたい。

ENJOY
【 楽しむコツ編 】

環境別の焚き火の楽しみ方

服にTPOがあるように、焚き火にもその場に合った楽しみ方がある。
その場の環境と相談しながら、ベストマッチな焚き火をしよう。

環境にあった焚き火をしよう

　焚き火台を携えて出かけよう。どこでも自由にとは言えないが、焚き火をするにはさまざまな適地がある。その場に溶け込める環境に合った焚き火をしたいものだ。燃やす燃料、燃やし方、作る料理、選ぶ焚き火台など、場所によって焚き火の楽しみ方も変わってくる。

　許されるなら燃料はその場にあるものが好ましい。森では枯れ木、海では流木といった具合だ。仮に森の焚き火で流木を燃やしてみると、その様はどこか借りてきたもののようで所在な

く感じる。その逆もそうだ。その場で燃やして灰にするから意味があるのだろう。その場で燃料が見つからない？ 燃料の調達ができない場所は総じて焚き火に向く場所ではないかもしれない。燃やし方はどうか。無風、乾いた風、湿った風、と環境によって焚き火を取り囲む条件が異なってくる。まわりの自然と相談しながら燃料の組み方や薪をくべるタイミングを考えたい。そこで作る料理もその場にマッチするものがベター。とは思うが、そこは好き好き自分の趣向でどうぞ。どうせなら旬という季節感も大切にしたい。

森の中での焚き火

　森の焚き火は魅力的だ。木々や動物に囲まれた中での焚き火は文学的で、人間の焚き火に対する想いが凝縮されているようだ。本質的に森と焚き火の相性はいい。赤い炎は森の緑の補色となって美しさをよりいっそう際立たせる。見た目の美しさだけではなく暗闇に対する安心感も与えてくれる。森に焚き火があることで不安から安寧の気持ちになり、その静寂をも楽しめるのだ。森での焚き火は永遠の憧れだ。

　森の焚き火で気をつけなければならないのは火災である。地面に苔や草の生えているような場所は避け、台の下には防燃シートを敷く。事前に焚き火をする付近に水を撒いておくのも手だ。特に乾燥した落ち葉が広がるような中での

焚き火はご法度である。また上方にも要注意だ。燃焼による上昇気流は思いのほか高く上がる。木立や枝の下での焚き火は極力避けよう。そしていつもに増して完璧な消火を心がけよう。炭は持ち帰り、灰はそっと土に撒く。次の木々を育てる養分となるから。森での焚き火は消費ではなく、循環の焚き火であってほしい。

できるだけその場で得られるものを燃料として焚き火をしたい。

ENJOY
【 楽しむコツ編 】

川沿いでの焚き火

　川での焚き火の経験は海や森に比べたら少ないが、趣のあるものだ。火のそばに水が流れているというのは何かと安心もできる。また河原には流木が多く、燃料探しにも困らない。昔、友人とカヌーで川を下ったときもその日の野営地に着いたら近くに落ちている木を集めて、真っ先に火を焚いて冷えた体を温めた。その焚き火で食事を作り、食後も暖をとった。その旅は焚き火なしでは成立するものではなかった。

　最近、川で焚き火をした話をしよう。数年前にスウェーデンを旅したときに知人が川釣りに連れていってくれた。フライフィッシングを楽

バーナーでは味気ない。遠赤外線でじっくり焼き上げる。

しんで釣りあげた魚を食べようと火を熾した。そこはバーナーではなく、やはり焚き火だろう。流れから少し離れたところに石を組んでかまどを作り、日本から持参した小さな焚き火台をその真ん中に据えた。川にほど近い林から燃料になるような小枝を拾い集めた。そのときに幹が削り倒されている木をたくさん見かけたが、聞けばビーバーの仕業らしい。その跡に近づいてみるとカンナ屑のような薄い木片が無数に落ちていて着火剤にうってつけだった。ビーバー作の焚きつけで熾した焚き火。友人が持ってきた魚焼き専用のグリルに、釣った魚を挟んでじっくりと両面を焼き上げた。スウェーデン北部の澄んだ水で育った魚はうまかった。食後に川から直接ヤカンに水をザバッと汲んで火にかけた。こんなことができるのも川のほとりの焚き火ならではの楽しみ方だ。ミネラルを含んだ水で作ったコーヒーも格別だった。川の焚き火はこんなふうに楽しみたい。ただし、日本の河川敷では焚き火が可能か確認が必要だ。川の大小にかかわらず各地の条例は異なるので管轄の河川管理事務所に問い合わせを。可能であっても焚き火台を用いて後始末もしっかりやろう。くれぐれも急な増水には十分に注意すること。

川では石が調達しやすいのもいい。あれば誰かが使て焦げた石を使う

海辺での焚き火

西側の海岸だと日没が楽しめる。広い空の下で穏やかな焚き火を楽しみたい。

　海のすぐ近くに暮らしていたので、海辺での焚き火には一番親しみがある。初めて焚き火台に火を灯したのも自宅近くの浜だった。それから繰り返し数えきれないほどの焚き火をしてきた。海辺で焚き火をする際に注意しなければならないのは風だ。遮るものがないので成す術がない。事前に風の吹く方位と強さを調べ、場合によっては焚き火を諦めなければならない。太平洋側では特に冬から春にかけては猛烈な季節風の吹く日が多い。気温の上がった夏の午後も、海から陸に向けて強い風が吹く。また潮位も確認する必要がある。満月や新月を中心とした大潮と呼ばれる日は潮の上げ下げが最も大きいので、思いもよらない場所まで波が上がってくることもある。あまり経験のない場所での焚き火の場所選びは要注意だ。かように海辺の焚き火は風や波の状況に大いに影響されることを忘れてはならない。そんな中で極上の焚き火日和というときもある。風もなく、海も凪いで炎がまっすぐ上に立ちのぼるような焚き火だ。静かな波の音と炎のゆらめきがシンクロして時間の

概念も忘れてしまいそうなトリップ感のある焚き火とでも言おうか。これを一度味わうと海辺の焚き火は病みつきになる。機会が多いからこそ、たまにこういうときに出会うのだろう。きっと森や川や湖にもそういった至上の瞬間があるはずだ。また時刻は圧倒的に日没頃がいい。一日の中で景色が最もドラマチックに変化する。空が赤く染まって陽が落ちていく様子も好きだが、沈んでからしばらくの間が最高だ。赤色、黄色から濃紺へと移り変わっていく。そこに炎の色が美しい。焚き火の存在感が際立つ瞬間だ。そんな極上の焚き火時間を味わっていただきたい。河川同様、海辺も焚き火ができるか市町村に問い合わせを。条例ではないが海辺にはローカルルールも多いので現地で確認をしてほしい。

波にさらわれた焚き火。潮位を調べて場所決めは慎重に。

ENJOY
【 楽しむコツ編 】

逆境時の焚き火

雨が降る中、雪の積もる中、体温は奪われて、
ここに焚き火があれば救われると思えるときもある。
コンディションが悪くてもちょっとしたコツで火の恩恵を受けられる。

逆境時というのはどんなときか。ここでは主に雨、雪、風の中での焚き火を想定して話を進めよう。そもそも焚き火には向かない気象条件下でも火を焚かなければならない理由、それは濡れや寒さから身を守るために暖をとるような、命に直結する場面かもしれない。そういった意味でも覚えておいて損はないものだ。『火を熾す』という好きな小説がある。主人公が極寒の中で火を熾そうとするが、指先が凍えて思うように火がつかないという話で、その描写には息が詰まる思いがする。逆境下ではややもすれば冷静な判断力を失いそうだが、状況と場合によ

ればそれらをうまく味方につけることだってできる。例えば雪のときは風さえ防げれば雪自体は加工はしやすく、熱もある程度は反射するのでまわりに壁を作って熱を溜めることも可能だ。また、風は強風時はどうしようもないが、多少の風であれば火がつくまでは自分が風上に位置して風防となり、ある程度の炎に育てば、自分の体を外すことで風が入り、うまく炎をあおってくれる。体を使って炎の強弱を調整することも可能だ。ただし状況判断力が大切だ。延焼には十分に気をつけて、強風時の焚き火は極力控えるようにしたい。

🔥 雨天・雪中での焚き火

　雨と雪では状況は異なるが、コツは共通したものがある。燃料はなるべく濡らさないようにシートをかけたり地面から浮かしたりする。直火の場合は火を熾す地面から湿り気を極力取り除く。初期の炎は通常より強めに熾す。着火材も長く燃える油分を含んだ強力なものを用意する。水気や冷気に負けぬよう火の勢いを絶やさぬようにする。湿った薪は火のまわりで乾かす。

1 雪を踏み固めて焚き火のスペースを作る。しっかり固めておかないと熱で沈んでいく。

2 薪の中からなるべく平らな面が大きいものをいくつか選んで、雪に押しつけるように並べる。

3 大きめの薪を一本横に置き、それに焚きつけを立てかけて着火。炎は意識的に強めに。

4 薪は火の近くにタワー状に組んで、地面からの湿りから守る。雨の場合は上にカバーを。

🔥 強風時の焚き火

　基本的に強風時に火を熾すべきではない。強風というのは火が横走りする状況だ。燃料が消費されるだけでメリットは少ないし、火災のリスクが高い。風の影響を抑えるという意味では、写真のような設置型の幕もある。

MANNERS
【 マ ナ ー 編 】

焚き火をする者の心構え

楽しさを享受するには守らなければならないこともある。
それは自分のためであり、未来のためでもある。
焚き火という文化をこれから先も絶やさないように作法を備えたい。

北欧では自然享受権で基本的に直火での焚き火は許される。焚き火台を使うか直火をするかは、それぞれの国の文化背景や個人のモラルによって異なる。

焚き火は悦楽だ。苦しみながら焚き火をする人はいないだろう。暖かいし料理もうまいし、明るい。なんといっても心が安らぐ。子どもだって大人だって焚き火の虜になる。機会があれば何度も繰り返し続けたいものだ。一方で誰かの悦楽は他人にとっては害や妬みの種であることも忘れてはならない。人が楽しく焚き火に興じている様を万人が快く見ているとは限らない。この悦楽を明日も5年後も、そして100年後の子孫にも味わってもらうためには今のみずからを律することも大切だ。それは、本書のテーマでもある焚き火の作法の中でも大切な心構えである。決して難しいことではなく、自分が楽しむためにも環境と他者への配慮する気持ちを持つことで円満に解決されることは少なくない。簡単に言えば迷惑をかけないこと、壊さないこと、自己責任がとれることだ。また、そのために正しい知識と技術を有することだ。

BONFIRE MANNERS
焚き火のマナー五カ条

❶ 台は焼をかねる
だい　しょう

焚き火台を積極的に使おう。
今や台を使うのはポジティブだ。
そして直火を敬う気持ちも忘れない。

---

❷ 灰まで燃やせ

灰は土にとっての養分となる。
いわば次の薪の種まきだ。
灰になるまで燃やす完全燃焼を
焚き火のゴールに。

---

❸ 炭は万年

炭は放置したり埋めてはいけない。
土中分解されず長い時間残り続ける。
灰になるまで燃やすか持ち帰ろう。

---

❹ 跡を濁さず

焚き火をした痕跡を残さない。
集めたものは戻して、そこで何が
あったかも気づかれないよう原状回復。

---

❺ 継続できてこそ

大きく過度な焚き火は
長くは続かないだろう。
小さくも質の高い焚き火を。
心に残る焚き火をしよう。

　僕はアウトドアでは2つの目線を持つことが大切だという話をよくする。2つの目線とは、たとえるなら蟻の目と鷹の目だ。目の前で起こることを注視する目とその場で起こっていることを高い位置から見下ろす客観の目。焚き火を楽しんでいる自分たちと、他人の目にそのことはどう映っているかを感じとる気持ちとも言える。目の前のことに集中するあまり、自分たちが危険な状態であったり危険な原因を作っていることに気がつかない人は意外と多いのではないだろうか。壊さない、というのは実は難しい。自然の中で何かをすれば何かは壊れる。度合いとスケールの問題だ。これは自然に対しての人間の存在理由にも関わる。極力壊さないよう努力する。そして育てる意識を持つ。自己責任は言うまでもなく、アウトドアにおける原則だ。野外での行動には常にリスクが生じる。これらを伝えると同時に自分の肝にも銘じる。

MANNERS
【 マ ナ ー 編 】

焚き火の後仕舞い

焚き火後に必ず待っている後片づけ。
どうせなら楽しく美しくやりたいものだ。
ここではそれを「仕舞い」と呼びたい。
焚き火の所作と同じくらい、
スマートに格好よく仕舞おう。

このページは本書の一番最初に持っていっても いいくらい焚き火では大切なことだ。過去に もちゃんとした片づけができない人が多くて焚 き火は嫌われ廃れていった。もう繰り返しては ならない。そもそも片づけは面倒臭かったり格 好悪いと思う人もいる。どうせなら片づけも楽 しく美しくやりたいものだ。丁寧にやると気持 ちがいいし、また次の焚き火も楽しめる。きれ いな後仕舞いは次の焚き火の始まりでもある。

3 火吹き棒を使って軽く灰だけをまわりに 飛ばす。灰は土の養分となる。

4 焚き火台を持ち上げて、炉に残った炭を 火消しツボに入れる。作業はシート上で。

7 地面に撒いた灰を土になじませて、焚き 火をした痕跡を残さないようにする。

8 キャンプ場などに用意があれば炭を処理 してもらってもいい。基本は持ち帰る。

1
灰になるまで燃やした中に、火が残って
いないか手を近づけて確かめる。

2
まだ火が残っていたり、炭が残っていた
ら時間が許す限り燃やしてやろう。

5
防燃シートに落ちた炭や灰をシートを折
り畳んで再びバケツの中に入れる。

6
蓋をして空気を遮断する。もし炭に火が
残っていても数分で消えるはずだ。

POINT!

自然消火が待てない場合

時間の都合などで完全燃焼まで待てない場合は
空気遮断より確実な消火方法が水での消火だ。
ただし、焚き火台にかけるのはご法度だ。台が変
形したり水蒸気で火傷する場合がある。

1 適量の水を入れた火消しツボに炭を入れる。
2 残った炭と灰を慎重に火消しツボに流し入れる。
3 シート上に残ったものも火消しツボに投入する。
4 施設に用意があれば処理。なければ袋で持ち帰る。

人生を共にする
家族との焚き火

家族との焚き火はくすぐったく照れ臭いものだ。
かわす言葉より同じ火を見つめる時間を大切にしたい。
確かな記憶と共有があれば、いつでもそこに戻ることができる。
それが家族との焚き火ではないだろうか。
親から子へ、子から孫へ、
時間は繰り返さずに常に新しい時代をつくる。

夏の夕暮れの瀬戸の浜で火を熾して母と向き合った。一生忘れないだろう。

母との焚き火で受け取った次世代へのバトン

　郷里で一人暮らしをしている母と焚き火を囲んだ。二人でそうするのはじめてのことだ。自分の生まれ育った場所、思い出のある小さな浜で火を熾した。焚き火を見つめながら母が話しはじめたのは子どもの頃の火の記憶だ。はじめて聞く話だった。当時は小学生くらいの子どもにも大きな役割があり、母は家での火の仕事を任されていたという。毎度の食事、風呂の湯沸かしと一日数回を焚くのがつらくも楽しかったこと、火熾しと燃料集めが得意だったこと……、母にとっての焚き火は生活そのものだったのかもしれない。日々面倒でつらい作業は、この何十年の間に便利なものにとってかわり生

一緒に散歩。ずっと元気でいてほしい。

活も一変した。また豊かな暮らしを目標にして生きてきた世代の人だ。火を前にうれしそうにそんな話をするのは懐古な意味だけではなく、あの頃に生きる本質があったことを時代を経てあらためて実感しているように思える。結局、火のある暮らしは楽しかった、ということなのだ。母の話を通して自分が焚き火に寄せる想いを再確認できた。長い時間をかけて人類が守り続けていたことを、便利な文明と引き換えに手放してしまった。それを今という時代にしっかりと掘り起こしておくことだ。まだ手遅れではない。アナログとデジタルが共存できるこれからの時代に今の自分ができること、伝えなければならないこと、それを90年近く生きてきた母からバトンタッチされたような焚き火だった。

手前に拾い集めた石を積んだかまどとスギの燃料が見える。まるで広告のようだ（笑）。

妻とのはじめての出会いは焚き火の前だった……はず

　妻とはじめて会ったのは多分焚き火をしていたときだったはずだ。30数年前の記憶は曖昧だが、なぜそう言えるのかというと、当時の僕は学生時代からの仲間と毎週のようにキャンプに明け暮れていた。その日も千葉県にあるダム湖でカヌーキャンプをしていた。そこに仲間の友人として彼女を紹介された。僕らは陸上にいるときのたいていは焚き火を囲んで過ごしていた。その場は家庭で言えばリビングルームのような存在だった。

お客さんはまずそこに通されたはずだ。というわけで自分の中では焚き火の前で会った、としている。そんな彼女と結婚して、さらに週末はキャン

手製ハンモックで楽しんだりしていた。

プに出かけた。車で、バイクで、お気に入りの道具と一緒に二人でやるキャンプが増えた。そこにもやっぱり焚き火はあった。焚き火が許される

場所ではあたり前のように直火の焚き火を楽しんだ。道具は今よりずっとシンプルで、テーブルと椅子を下ろしてテントを張ったら少し離れたところに石を集めて炉を作り、そこが僕らのリビングスペースとなった。これだけで随分とハッピーだった。記憶って美化されるものだ（笑）。

焚き火が人生を助ける存在になるとは……

　そして月日は流れて、二人の子どもに恵まれた。東京で長年勤めたサラリーマンをやめて郷里の香川県に戻った僕

家族でのキャンプ写真。手前にはやっぱり焚き火台と薪。これから先も楽しみだ。

らは輸入雑貨の店を始めた。理想のライフスタイルを求めての大決断だったが、最初から軌道に乗るはずもなく二人の小さな子どもを抱えて生活に追われる日々だった。あれほど毎週のように行っていたキャンプも遠のき、しばらくは子育てと仕事にほとんどのエネルギーは費やされていった。さらに月日は流れて、幾度の引っ越しを経て僕らは神奈川県三浦半島に住むことになった。すぐ目の前に海が広がり、すぐ裏の山歩きも楽しめる場所だ。ここで暮らすことに決めたのは昔から大好きなアウトドアをもう一度、取

り戻したいからだった。『サボり』をコンセプトにしたアウトドアライフストア3knot（サンノット）はこうして誕生した。3knotではサボれるアクティ

子育ては過ぎてしまえばあっという間。

ビティを用意した。無人島カヤックツアー、ハンモックトリップ、焚火カフェ……。疲れた都会人をいかにサボらせるかに注力した。焚き火がそれ

からの人生を助ける大きな存在になるとはこの時点では想像もできなかった。焚火カフェの詳しいことは164ページにしたためたのでここでは割愛するが、我が家は焚き火と妻の努力で、どうにかここまでやってこれたのだ。数年前に雑誌の企画で家族でキャンプをした。家族全員では十数年ぶりだろうか。夜は皆で焚き火を囲み過ごしたが感慨深いものだった。昔、妻と二人で囲んだ焚き火はここにつながっていたんだと思えた。去年の夏は孫と一緒にキャンプで火を囲んだ。これからも家族との焚き火は燃え続けていく。

CHAPTER 4

Bonfire Cooking

焚き火で調理しよう

火を熾したら、炎を味わう料理を作ろう。
豪炎、遠赤外線、煙、熾火……
焚き火には名調理人が揃っている。
僕らはそれぞれのシェフのアシスタントをして、
最高のおいしい焚き火のフルコースを作りあげよう。

まずは湯を沸かそう

湯を沸かさない焚き火はありえない。
湯は飲用だけでなく、野外ではさまざまな場面で役立つ。
湯沸かしと焚き火には熱く深い関係があるのだ。

焚き火をするなら忘れてはならないことがある。それは湯沸かしだ。火を焚くなら必ず傍には水を入れたケトルか鍋をかけておきたい。これはもう家訓とも言えることだ。湧き水であっても、沸騰させ殺菌すれば飲料水になる。お湯は飲んだり調理をするだけじゃない。キャンプで汚れた食器や調理器具を洗うときは、炊事場に行かずに少量のお湯を入れてかき回して残りを溶かして飲めるものなら飲んでしまい、あとはさっとペーパーで拭けばきれいになる。多少

の油汚れでもお湯で溶かしてペーパーに吸わせれば、洗剤や流水使用を抑えることができる。

また、寒い夜には沸かしたお湯をボトルに入れたら湯たんぽができる。シュラフの足元に転がる湯たんぽは冬のキャンプに欠かせない。朝起きたらお湯で手や顔を洗おう。タオルをお湯で湿らせれば体も拭ける。お湯はいくらあってもよいものだ。保存には容量のある保温ポットを用意しよう。沸いたお湯はポットに溜めて適時使えばいい。さあ、どんどんお湯を沸かそう。

Fire & Cook
焚き火の推移と適した料理

焚き火にはそのはじまりから終わりまで、火の状態とマッチする調理がある。
必ずしもこの順番でなければならないわけではないが、例として参考にしてほしい。

強火

・焙じる
▶ P144

針葉樹の薪で炎の上
がる初期段階の焚き
火では、食材が炎に
直接触れない、強火
が必要な炒飯や炒め
ものなどの調理法が
適している。

焚き火で燻製をする
場合、それこそ4〜
5時間かけて調理す
る。余裕があれば焚
き火開始段階から準
備を始めて、焚き火
を終えるまでじっく
りと楽しみたい。

・炊く
▶ P145

・炒める
▶ P146

・燻す
▶ P152

・煮る
▶ P147

中火

・蒸す
▶ P148

焚き火の炎が安定し、太めの広葉樹
が中火になりはじめたら煮る料理が
いい。じっくり調理できて多少放置
しても焦げなどの心配がない。

熾火

・炙る
▶ P149

熾火がしっかり育っ
た状態では、炎の火
力ではなく遠赤外線
を利用した炙り・焼
き料理がいい。むし
ろこのために熾火を
育てていたのだ。

・焼く
▶ P150

焙
Roast

強 火

生豆から焙煎して一期一会の味を楽しむ

焚き火焙煎コーヒー

［道 具］
・ロースター
・ザル
・グラインダー
・ドリッパー

［材 料］（1人分）
・コーヒー生豆…10g

［作り方］
1 生豆をロースターに入れ、ロースターを左右に振って火にかける（A）。
　銀杏を煎る豆煎器でも代用可。
2 しばらく振っているとパチパチと音がする（1ハゼ）。さらに焙煎
　すると小刻みに連続で音がして煙が上がる（2ハゼ）。
3 豆が黒くなったら火から下ろし、ザルに入れて冷やす（B）。
4 粗さを細挽きに調節し、グラインダーで豆を挽く（C）。ドリッパー
　などで抽出してできあがり。

強火

炊
Boil

炊飯器よりもおいしく炊ける焚き火ごはん

おかずいらずの白米炊き

[道具]
・ダッチオーブン
・しゃもじ

[材料]（1人分）
・白米…1合
・水…180㎖
・バター…10g
・醤油…適量

A

[作り方]

1 すすぐ程度洗った米を30分ほど水（分量外）に浸す（A）。

2 水を一旦捨てて、ダッチオーブンに米を入れて水を入れる（基本は米一合につき水180㎖）。

3 焚き火は炎が上がるくらい強火にし、ダッチオーブンを火にかける。底面だけでなく側面にも火があたるよう位置と火力を調整する（B）。

4 沸騰するまでは、数回蓋を開けてしゃもじで米を混ぜる（C）。沸騰したら火を弱め（または火から少し離す）、15分ほど弱火にかける。火から下ろしたら10分ほど蒸らし、米を切るようにほぐす。好みでバター、醤油をかけてできあがり。

B

C

炒
Stir Fry

強火

具材は卵とネギだけの強火で炒める本格派
パラパラシンプル焚き火炒飯

［道具］
・フライパン
　or 中華鍋

［材料］（1人分）
・サラダ油…大さじ1
・長ネギ…1/2本
・ごはん…180g
・卵…1個
・塩…少々
・日本酒…大さじ1
・ごま油…大さじ1
・こしょう…少々

［作り方］
1 フライパンを煙が出るくらい熱し、サラダ油を引いて鍋になじませる。
2 みじん切りにした長ネギの半量（青い部分）をさっと炒める（A）。火が通ったらごはんの上に乗せておく。
3 フライパンに再びサラダ油（分量外適量）を入れ、よく溶いた卵を投入。素早くかき混ぜ、半熟の状態で炒めたネギとごはんを入れる。お玉でフライパンに押しつけるようにしてごはんをほぐす（B）。全体が混ざるように繰り返し鍋をあおる。
4 塩を入れ、混ぜながら酒を加える。残りのネギを入れて、鍋肌からごま油を回しかけて数回あおり混ぜて完成。好みでこしょうを振ってできあがり。

中 火

煮
Simmer

洋酒で煮詰める骨つき肉は焚き火によく合う

ワイルドバーボンチキン

[道 具]
・鍋（コッフェル）

[材 料]（1〜2人分）
・鶏手羽元…5本
・塩…少々
・こしょう…少々
・サラダ油…少々
・にんにく…1片
・玉ねぎ…1/2個
・バーボン…150㎖
・水…150㎖
・コンソメキューブ…1個
・砂糖…大さじ1・1/2
・醤油…大さじ1
・クレソン…適量

[作り方]

1 鶏肉に塩・こしょうをしておく。

2 熱した鍋にサラダ油を入れ、スライスしたにんにくと玉ねぎを軽く炒める。
さらに鶏肉を加え、軽く火が通るまで全体を炒める（A）。

3 2にバーボン、水、コンソメ、砂糖、醤油を入れて、蓋をして煮込む（B）。

4 煮詰めて、肉に照りが出てきたらできあがり。器に盛ってクレソンを添える。

147

蒸
Steam

燠 火

3種の調味料で味を変えて食べると楽しい

ソーシャルジンギスカン

［道 具］
・アルミホイル

［材 料］（2〜3人分）
・サラダ油…適量
・もやし、キャベツ、にんじんの
　ミックス野菜…1袋
・ラム肉…200g
・日本酒…適量
・塩…適量
・こしょう…適量
・調味料①…焼肉のタレ
・調味料②…ポン酢・レモンの輪切り
・調味料③…醤油

［作り方］
1　アルミホイルでお皿を作り、サラダ油を薄くひいてその上にもやしや
　　刻んだキャベツ、にんじんなどを敷く。
2　1の上にスライスしたラム肉を広げて、野菜を包むように乗せ（A）、日
　　本酒を少量かけてアルミホイルを閉じる。
3　2を燠火の上に置く（B）。数分してアルミホイルから湯気が出てきたら
　　取り出し、アルミホイルを開いて塩、こしょうを振る。上から好みの調
　　味料をかけて（または調味料につけて）食べる。

熾火

炎 Scorch

皮が裂けないようにじっくり炙り、焚き火味に仕上げる

ジビエ炙りソーセージ

[道 具]
・焚き火フォーク

[材 料](2人分)
・鹿ソーセージ(市販)…6本
・粒マスタード…適量
・酸味のあるベリー系ジャム
　…適量

[作り方]

1 焚き火を炎の上がらない熾火の状態にする(一部分でもOK)。焚き火フォークにソーセージが回転しないように固定する。

2 手のひらをかざして熱くて4〜5秒維持できないくらいの位置(直接炎があたらない場所)に、ソーセージがあたるように焚き火フォークをセットする(A)。

3 一気に熱を加えると皮が裂けて肉汁が流出するので注意。じっくり時間をかけて、煙もまぶすイメージで炙る。

4 表面にじんわりと油がにじんで、照りが出てきたら食べ頃。お好みで粒マスタードやジャムをつけていただく。

焼
Grill

欧州で伝統的なパン（バノック）で作るお手軽ピザ

バノックピザ

[道 具]
・密閉袋
・フライパン
　or 鉄板
・アルミホイル

[材 料]（2人分）
・小麦粉…200g
・塩…小さじ1/4
・バター（常温で溶かしたもの）
　…大さじ1
・お湯…大さじ4
・サラダ油…適量
・ミートソース…1缶
・ピザ用チーズ…適量
・バジル…4～5枚

[作り方]
1 密閉袋に小麦粉、塩、バター、お湯を入れて
　よく揉んでこねる（A）。耳たぶくらいの柔
　らかさになったら、袋から取り出してフラ
　イパンのサイズに合うよう丸く広げておく。
2 フライパンにアルミホイルを二重に敷き、
　サラダ油をひく。その上に1の生地を乗せ、
　ミートソースを広げるように塗る（B）。上
　からチーズを振りかける。
3 アルミホイルがピザから浮くように工夫し
　て蓋をし、上に軽めの炭を乗せる。
4 下火は燻火で、上6：下4くらいの火力で10
　分ほど焼く。焚き火台がJIKABI（P52）であ
　れば、先に火床の上で下側を焼き、火床の下
　に入れて上側を焼くことができる（C）。
5 生地の縁に適度な焦げが入ったら火から下
　ろして好みで追いチーズを加え、バジルを
　乗せる。好みでタバスコをかけていただく。

燻
Smoked

強火 → 熾火

火の変化とともに調理する焚き火ならではのメニュー

王道焚き火ベーコン

[道 具]
・フォーク
・密閉袋
・鍋
・ペーパータオル
・S字フック
・トライポッド

[材 料]（2〜3人分）
・豚バラブロック肉…300g
・塩…大さじ1
・ハーブソルト…大さじ2
・砂糖…大さじ1
・バーボン…大さじ1
・にんにくチューブ…少々

[作り方]

1 豚バラ肉（厚ければ半分にカット）をフォークで全体的に刺して（A）、塩を肉によく揉み込む。

2 密閉袋に1を入れ、ハーブソルト、砂糖、バーボン、にんにくチューブを入れて袋の外からよく揉み込む。空気を抜きながら袋を閉めて（B）、水（分量外）を入れた鍋に沈める（C）。水の圧力でスパイスを浸透させるため、沈むように重しをする。そのまま30分（可能なら数時間）放置する。

3 一度袋を取り出して、鍋を火にかける（このとき焚き火は強火〜中火くらい）。沸騰したら火から下ろし、再び密閉袋を沈め、そのまま30分ほど置く（冬場は鍋は沸騰しない程度に火の近くに置き、冷めないようにする）。

4 肉を取り出してペーパータオルで表面を拭き取り、S字フック（写真では焚き火フォークを使用）とトライポッドなどで焚き火の煙がかかるところに吊るす。

5 1時間でも3時間でもお好みに燻し、待ちきれなくなったら、吊るしたまま火の通ったところからこそいで食べる。

TAKIBI COLUMN

友人たちと
火を囲むということ

これまで関わってきた
多くの友人たち

気のおけない友人と囲む焚き火は至福の時間だ。
心からリラックスしてその溶けるような時間を楽しめる。
たまに遠くの友を訪ねたり、近所の友たちと焚き火で過ごす。
いつ、どこで、誰と一緒に焚き火をするかが大切だ。
心に残る焚き火はきっと人生の宝物になるだろう。

若かりし頃の仲間たちとの焚き火。ただ一緒にいるだけで楽しかった。テントもクルマもそのすべてが懐かしい

仲間たちとのキャンプ
楽しみは焚き火だった

学生時代から社会人になるまでほぼ毎週のようにキャンプをしていた。キャンプではカヌーかカヤックをやることが多く、海に川に湖に出かけた。まだおおらかな時代で、割と自由にキャンプや焚き火ができるような場所もいくつかあった。基本は男ばかりで構成されていたので、結構ハードな遊び方をしていたが、そのうちメンバーに彼女ができたり、子どものいるファミリーも参加するようになって徐々にキャンプが目的に集ま

るようになっていった。

そんな中で一番の楽しみはやはり焚き火だった。焚き火台の存在もないような時代だから、直火を焚いてそこに集う。そこでは大きなフライパンが振られて大人数の食事を作ったり、毎晩、火を囲んで酒を飲んで語り明かした。皆のテントは焚き火を中心に張られていて、酔い潰れたり眠くなった者は焚き火から離脱してテントに転がり込んだ。朝一番に起きた者が火を熾し、湯を沸かしてコーヒーを淹れるのが慣わしだった。そこに一人、また一人とテントから這い出してくるのだ。二日酔

いに焚き火とコーヒーの香りは、仲間とのキャンプの朝の定番だった。

たっぷりと楽しんだあとは撤収だ。焚き火は最後に片づけることになっていた。燃やせるだけ燃やしてしまう。そして残った炭や灰を片づけながら次回のキャンプの計画を相談する。そうしないと寄りどころだった火が消えるのが寂しすぎるからだ。ずっと終わらない焚き火はないけれど、次の焚き火の約束がその間をつないでくれる。こうして焚き火の匂いをさせながら週明けの満員電車に乗るのが僕のルーティンだった。

バハカリフォルニアの無人島キャンプでの焚き火経験は人生に大きな影響を与えた。

地球と宇宙を
焚き火がつなぐ

これまで体験してきた中で極上だった焚き火の話をしよう。それは30年前に新婚旅行で訪れたメキシコ、バハカリフォルニアの無人島での焚き火だ。バハは大きな半島で、春になるとコククジラの親子がアラスカから南下してこの半島の湾内で過ごすのだ。それをカヤックでウォッチしようというツアーに日本から妻と参加した。湾の中にはたくさんの無人島があってその島をつなぐようにカヤックで旅をするのだ。ツアーにはアメリカ人のガイドとメキシコ人のスタッフがついていて、彼

らが食事からテントまで用意してくれる。僕らはただ漕げばいいだけの極楽ツアーだった。毎晩無人島に泊まるのだが、メキシコ人の作ってくれる夕食が終わると特にすることもなくなる。アメリカ人のガイドが皆に声をかけて丘に集まった。木も生えていない砂丘のような島で、ところど

ころにサボテンの流木が散らばっている。掘った穴にそれを集めて落とし込み、そこにライターで火を放った。乾いたサボテンは瞬く間に燃え上がり全員から歓声が上がる。炎はまっすぐ空に向かってのぼり、その炎を目で追うとそこには満天の星が広がっていた。これまでの人生で見たこともないほどの数と光の強さだった。威圧感さえある星空は手を伸ばせば掴めそうだと本気で思ったくらいだ。そこに地面からまっすぐに登る炎はあと少しで天空に届きそうに思え、地球と宇宙の間を一本の焚き火がつないでいるように僕には見えたのだ。焚き火の持つ力や意味のすべてがそこにあった。そんな焚き火を経験した僕はそれ以来、焚

北海道の湖畔で友人と距離を保ったソーシャル焚き火をした。

友人たちと黙って火を見つめる時間。普段にはない沈黙を楽しんだ。

き火に取り憑かれているが、おそらくそのときに脳裏に焼きついた残像をずっと追い求めているのではないかと思う。一番最初に答えを見てしまったような感覚なのだ。

いつまでも記憶に残る
焚き火をしたい

　ただ、最近では焚き火は見た目だけではなく、いつ誰とやるかなのだと思うようになった。焚き火を共にする時間は特別なもので、心にずっと残ることがわかったのだ。焚き火をした数でも燃やした薪の量でもない。いつまでも記憶に残る焚き火をしていきたいのだ。見知らぬ遠くへ出かけて生涯一度きりの特別な焚き火もいいだろう、でも自宅の庭先で友と囲む焚き火もいいものだ。いつかの正月に

特にどこにも出かける予定もなく近所の友人を招いて庭で焚き火をやった。各々がおせち料理や飲み物を持ち寄って火を囲んでの新年会だ。いや新燃会か。賑やかに飲み食いをしていても、そのうち誰からともなく静かに火を見つめる沈黙の時間が生まれる。気のおけない友人だからこそ、

この沈黙の時間を分かち合え楽しめるのだろう。またあるときは仕事で初めて会う人たちとの顔合わせを焚き火で行ったことがある。はじめましてなんだけど、火を囲むと打ち解けるのは早く、その結果仕事もとてもうまくいった。名刺交換からはじまるような関係では考えられない速度や密度で互いの価値観を理解し、深い信頼を構築していけた。そして彼らとはそのまま友人になった。炎は人との間も暖め溶かして結合させる力があるようだ。また友人たちと気兼ねなく焚き火を囲めるような日が1日も早く戻ってくることを願ってやまない。

初めての人ともすぐに仲よくなれるのが焚き火の持つ力のひとつだ。

CHAPTER 5

Keep Burning

焚き続けよう

そろそろ薪も尽きてきた。
目の前の小さな焚き火は終わるかもしれないが、
世界をめぐる大きな焚き火は燃え続けている。
それは過去から未来へと流れている
人間のつないでいる炎。
僕らはそこにいつでもアクセスできる。

僕らが焚き火をする理由

自分たちが自主的にやっていると思っていることが、
実は大きな力によって動かされていることもあるかもしれない。
自然界における火の存在理由、
人と火の関係からそのことを考えてみたい。

地球の循環の中での人間の役割

　僕ら人間が焚き火をする理由。随分と長い時間このことについて考えている。今のところの僕の見解はこうだ。地球が循環していくようにセットされた中で、火を焚くのは人の役割ではないだろうかということだ。地球は酸素をはじめとした元素で覆われている。それは多くの生物の生命を維持している。そしてその酸素が植物から排出されているのは小学校で習った。植物は太陽の光で光合成を行い、大気中の二酸化炭素を酸素にかえている。そして地球で7割もの面積を占める海水内の植物プランクトンは、地球上の半分以上の酸素を作っている。つまり酸素を吸って生きている生物と二酸化炭素を吸って生きている植物は互いを生かし合っているということになる。その2つの間に人間がいて、火を燃やすという役割を与えられたのでないかということだ。火を焚くという行為は燃料として木材を燃やす。植物である木は主に炭素を蓄えた固形物であり、そのままでは大気中に排出できない。燃やすという行為を経てその炭素は外に解き放たれ、再び植物に取り込まれて酸素が作られる。地球上に絶対必要な酸素と炭素の製造システムに、木材の燃焼という行為が組み込まれて回り続けるものになる。補完の関係だ。この役割を人間に与えたのだ。あなたはこの役割を放棄する？　僕はこの権限を最大限行使したいと考える。

子どもたちはいつも
真剣に火と
向き合おうとしている

1

山に夕闇がせまる
子供達よ
ほら　もう夜が背中まできている
火を焚きなさい
お前達の心残りの遊びをやめて
大昔の心にかえり
火を焚きなさい

――山尾三省『火を焚きなさい』（野草社）より

1
じっと火を見つめる少年
は何を思うか。そしてそ
の様を眺める大人は。言
葉にするのは難しい。答
えは風の中にあるとボブ・
ディランは言う。

　大好きな詩の一節だ。父親が薪で沸かす風呂の火を焚く手伝いをするよう子どもたちを諭しつつも、そこには人間の心の奥底にずっと流れている、火の記憶を呼び起こすメッセージが込められている。人はなぜ火を焚き続けてきたのか。そのひとつの答えは、詩の中にある闇に対する恐れからではないだろうか。火を焚くことで毎夜訪れる暗闇の世界の不安な気持ちを払拭する。安心できる明るい夜の時間を手に入れるのは、他の動物にはできないことだろう。そして火は人の心の帰る場所でもある。生きていくうえで迷ったときに立ち返る場所とも言える。火を思い出すことで人間らしさを取り戻す、それを優しく諭すように『火を焚きなさい』のフレーズがいつも耳の奥にある。

　子どもたちに火の焚き方を教えるのが好きだ。彼らはいつも真剣に火と向き合おうとしている。ヒトが人間になった大きなきっかけは刃物と火という道具を手に入れたからだが、火の代替物もたくさん生み出した。多くの便利を享受した結果、大切なことも見失ったようだ。長い歴史の中でたくさんの試行錯誤を繰り返してきた人間が今学ぶべきは何か、それを小さな子どもたちがまっすぐな目で問いかけてくる。僕は子どもたちにナイフを使って木を削ることや、その削り屑で火を熾すことを丁寧に教える。最初は戸惑っていた怖い道具も、やがて自分の体の一部のような感覚になっていく。そして最後には自分たちが熾した火に歓喜する瞬間を迎えるのだけれど、これがゴールではない。ここから始まるのだ。幼稚園の年長児と毎年行っているこのワークショップは、はじめてみずから火を熾したときがすべてのはじまりなんだという気持ちを自分自身でもあらためる機会でもある。いつも彼らが先生なのだ。

2
幼稚園児に焚き火を教える。ここでは息の吹き込み方を。彼らの眼差しはいつだって真剣だ。

3
自分たちでナイフを使って火を熾す。猿児（園児）が人間になった瞬間に立ち会えるのはうれしい。

4
お菓子のうまい棒が火吹き棒に使えることを知る。楽しくも大切な創意工夫の精神のひとつ。

3

4

『焚火カフェ』に
訪れてくれた
たくさんの人たち

焚火カフェを長い間やってきたからこそ気づいたことがある。
焚き火を求める気持ちとそれに応える気持ち。
焚火カフェは僕のライフワークとしてこれからも続けていきたい。

人には焚き火をしたい欲がある

　焚火カフェという浜辺で焚き火を提供するサービスを2005年からはじめた。これまでに何千人という人たちと焚き火をしてきたことになる。この間には大きな災害が何度も起こり、人の価値観さえ変わったように思う。そんな時間を通してみると、人には「焚き火欲」というものがあるのがわかった。それは食欲や睡眠欲と同じ根源的な欲求のひとつだ。僕はどうして焚火カフェにいらしたのかという質問を必ずする。そうすると多くの方が焚き火がしたくていろいろと調べた結果、ここに辿り着いたという答えなのだ。自慢ではないが、この焚火カフェというサービスは大きな宣伝をしたことがないので一般的な認知は低い。強い意志を持って探さないと簡単には見つからないはずだ。その焚火カフェはこれほど価値観がゆらぎ移ろう時代の流れの中で、一定のニーズを保ち続けているのだ。そこには人が焚き火をしたい、という根本的な欲求がないとうまく説明がつかない。皆焚き火がしたいのだ。その証拠に焚き火を体験した人は皆とても満足そうな表情で帰路につく。これを第4の欲と呼んでは言いすぎだろうか。まぁそんなこんなで今も続けている焚火カフェにはとても印象深いお客さんがたくさんいらっしゃる。そのいくつかのエピソードを紹介したい。

日は選べても天気は選べない。だからこそ最高な景色に出会えると、忘れない焚き火となるのだ。

1

『22の焚き火』

1
焚火カフェは美しい日没のひとときを焚き火で楽しむサービスだ。

2
暖かくおいしい焚火カフェ。火があることでそこに居られるのだと知る。

2

　22と書いて夫婦と読む。毎年11月22日はいい夫婦の日である。毎年その日に焚火カフェに来てくれる二人の話だ。最初はたまたまだったのかもしれない。というのも彼らはまだ夫婦ではなくおつき合いをしているカップルだった。焚き火をしながら今日はいい夫婦の日ですね、という話をした。照れ臭そうに僕たちつき合いはじめたばかりなんです、と彼が答えた。それから1年経った翌年の11月22日に同じ方から予約が入った。その日も焚き火日和で二人は「結婚しました」、と指輪を見せてくれた。僕はうれしくなってしまい、来年は3人で来るんじゃないのと冗談半分、希望半分の話をした。その翌年の11月22日に予約はなかった。勝手に期待しすぎた自分を恥じたが、しばらくしてその方からメールが来た。赤ちゃんができて、出産予定に近く今年の22日は行けませんでした、というような内容だった。僕は毎年11月22日は予定を入れないようにしている。

『孤独の焚き火』

　焚火カフェは最低二人からお受けしている。な
ぜかというと、僕は焚き火の火加減をしたり調理
をしたりで忙しいので、一人でいらっしゃるとそ
の方のお相手が難しいのだ。とその理由を説明し
ているが、正直にいうと一人で焚き火に来る人は
要注意なのである。焚火カフェを始めた頃は一人
でいらっしゃる方が何人もいた。まずは互いが初
対面なので場に適度な緊張感がある。そして焚き
火をはじめても大きな盛り上がりはない。焚き火
に何を求めているか、いやどんな人かもまったく
わからないのだ。そしてそういう方には負のオー
ラが漂っていることが多い。焚き火の炎で何かを燃やして浄化したいんだ
な、と思う。実際にラブレターを持ち込んで燃やしたいという方もいた。
もちろん、全員がそういう方ではないが、来てからでは断れないので予防
策として二人から、としたのだった。そんな中どうしても一人で焚き火を
したいという問い合わせがあった。例の定型句をお伝えしたのだが、どう
してもしたいと。コストが引き合わないとさらなる断りの理由を伝えると、
二人分の料金を支払うとおっしゃる。正直、根負けした。ご迷惑はおかけ
しませんからという言葉を最大限信じて引き受けることになった。その日、
約束の場所にあらわれたのは若い女性だった。簡単に挨拶を交わしたあと、
彼女は火のそばで持参した文庫本を読みはじめた。本の中の世界に没頭し
ているようで話しかけられる雰囲気ではない。僕も黙って焚き火の炎を維
持する。あたりが薄暗くなって本を置くと自前の毛布を肩にかけてじっと
炎を見つめている。波の音と薪が時折爆ぜる音だけ。約束の時間が過ぎ、
焚き火は終わった。あまりに凛とした彼女の態度に圧された。純粋に火の
ある時間を味わいたかったのだ。

『卒業課題焚き火』

　焚火カフェの利用者にあまり若い人はいない。経済的な理由もあるだろ
うし、この第4の欲求である焚き火は歳を重ねるごとに増してくるものか
もしれない。冬のある日に学生から焚き火の問い合わせがあった。美術学

3

3
独り静かに焚き火の時間
を味わう。波の音と薪の
爆（は）ぜる音しか聴こえ
ない瞑想焚き火だ。

4
その日燃やす分の流木を
拾い集める。燃やすのが
惜しいものもある。

5
流木は流れつく木という
意味と、流れるような形
のダブルミーニング。

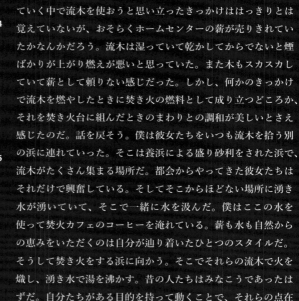

4

5

校の卒業課題で五大元素を表現する課題があり、焚き火を体験してみたいとのこと。五大元素とは『空・風・火・水・地』を表す。このテーマは自分にとっても卒業のない永遠の課題のようなものだった。

　いつもの焚火カフェは焚き火をする浜に集まるのだが、この日に限っては準備段階である流木拾いと湧き水汲みから参加してもらうことをすすめた。なぜならそこに五大元素の多くが含まれると思ったからだ。

　焚火カフェをはじめた頃は薪は近くのホームセンターから買っていた。それはサービスとしてとらえたときに提供の一定化をはかるという意味もあった。また水も同様に水道水で十分だと思っていた。焚火カフェを続けていく中で流木を使おうと思い立ったきっかけははっきりとは覚えていないが、おそらくホームセンターの薪が売りきれていたかなんかだろう。流木は湿っていて乾かしてからでないと煙ばかりが上がり燃えが悪いと思っていた。また木もスカスカしていて薪として頼りない感じだった。しかし、何かのきっかけで流木を燃やしたときに焚き火の燃料として成り立つどころか、それを焚き火台に組んだときのまわりとの調和が美しいとさえ感じたのだ。話を戻そう。僕は彼女たちをいつも流木を拾う別の浜に連れていった。そこは養浜による盛り砂利をされた浜で、流木がたくさん集まる場所だ。都会からやってきた彼女たちはそれだけで興奮している。そしてそこからほどない場所に湧き水が湧いていて、そこで一緒に水を汲んだ。僕はここの水を使って焚火カフェのコーヒーを淹れている。薪も水も自然からの恵みをいただくのは自分が辿り着いたひとつのスタイルだ。そうして焚き火をする浜に向かう。そこでそれらの流木で火を熾し、湧き水で湯を沸かす。昔の人たちはみなこうであったはずだ。自分たちがある目的を持って動くことで、それらの点在する点が線につながるのだ。彼女たちは真剣に僕の話に耳を傾け、焚き火の炎を見つめた。そして焚き火が燃え尽きて灰が残った。僕は灰をあたりに散らすように軽く息で吹く。これは灰が養分となって次の緑を育てることなんだと話すと、はっと驚いたような表情になった。自分たちが今日一日経験したことが大きな輪になっていることに気がついたのかもしれない。彼女たちがどんなふうにこの日のことを卒業課題にまとめたのかは知らない。知ってみたい気もするが知らないまま、ずっと想像しているほうが楽しいのではないかと思う。

焚火カフェを通して
これからも紡いでいきたい
個性的で素敵な物語たち

6

人は何かに突き動かされて火を焚いている

　焚火カフェのいくつかの印象深いエピソードを紹介してみた。ページの関係で紹介しきれなかった面白い話がまだまだある。焚火カフェも人からユニークだとよく言われるが、焚火カフェにやって来る人のほうがもっとユニークだと思う。これだけで一冊の本ができそうなくらい、それぞれの方との焚き火は個性的でその物語は素敵なものばかりだ。僕は焚き火を通して実にたくさんの焚き火好きの方々と出会えているのだ。昔に比べれば火が世の中から姿を消してはいるが、これを続けていくのが自分にとっての希望でもある。僕も皆さんに元気づけられ、焚火カフェを続けることに突き動かされているのだ。そう考えるとこの愛すべき焚き火好きの皆さんも自分の意思で焚火カフェにやって来てるようで、その実は何かに操られて動かされているのかもしれないと考えてみる。なぜなら、この世は人間の勝手な都合で火を絶やされると困るものだらけでできているのだから。僕は明日も来年も流木を拾い湧き水を汲んで火を熾し続けるだろう。焚火カフェにぜひどうぞ。ただし、お二人以上でお願いします（笑）。

6、
海、月、砂浜、流木そして
焚き火。これも立派な五
大元素だろう。

7
会社帰りだろうか、スー
ツと革靴を脱いで焚き火
を楽しむ男性が素敵だ。

7

北欧の煮出し式
レンメルコーヒーと
焚き火との相性

焚き火で煮出すこのコーヒーは衝撃的だった。
森、水、焚き火、コーヒー、そして時間というもの。
このコーヒーと出会わなかったら
人生観も変わってなかったかもしれない。

1
僕は遠心力を利用して
コーヒー豆を沈める。通
称ハジメスイング。

2

1

300年以上前から親しまれる抽出方法

　レンメルコーヒーを知ったのはナイフを使った火熾しをはじめて体験
したときと同時だった。スウェーデンから来日していたモーラナイフの
セールスマネージャーが、僕が焚き火でコーヒーを焙煎している様子を
見て彼らの動画を見せてくれたのだ。「ほら、ラップランドにも君と同じ
ようなヤツがいるぞ」と。僕は思わずその動画に見入ってしまった。森
の中の枯れ木を集めて焚き火を熾し、沢からヤカンに直接水を汲んで、
そこに直接挽いたコーヒー豆を流し込む。ラップランドの空にはゆっく
り雲が流れ、川では鱒がライズしている。ゆったりとした時間の流れの
中で焚き火にかけたコーヒーがゴボッと吹き上がる。それを木のカッ
プに注ぎ、ゆっくりと味わう、そんな動画だった。なんだこれは！
　僕は正直、ヤラれたと感じた。自分が目指そうとしている世界が非の
打ちどころのない完成された状態で表現されていた。北極圏のコー
ヒーブランド、Lemmel kaffe（レンメルコーヒー）とKokaffe（煮出
しコーヒー）との出会いだった。レンメルコーヒーはフィルターは
使わない。湯に豆を直接浸し、煮出すのだ。日本茶を考えればわ
かりやすいだろう。これは300年以上も前から先住民であるサーミ
人によって親しまれてきたコーヒーの抽出方法だ。

煮出し式コーヒーに答えはない

　レンメルコーヒーは、おいしく淹れる方法を次のように説明している。①都会から離れる、②焚き火を熾す、③ヤカンに湧き水を汲む、④コーヒー豆はネズミがその上を歩けるくらいたっぷりと入れる、⑤煮出す（待つ）、⑥カップに魂と一緒にコーヒーを注げ。ここには水やコーヒーの分量は記されておらず、何分煮出して待つのかもわからない。多くの人はこの説明に戸惑い、ジョークだと思うだろう。

　しかし、これがレンメルコーヒーのすべてであり真実なのだ。都会から離れ火を熾す。湧き水を沸かし、コーヒーと共に魂を注ぐ。P168の五大元素の話と同じではないか。それでもあなたは聞くだろう。どれくらいの豆を入れる？　何分煮出す？　答えは風の中である（笑）。それはすべて飲む人の決めることであって他人の決めた基準に合わせるものではないということだ。そして何より大切なのは「待つ」ということ。待つことがすべてを調和させてくれる。僕は彼らからこの教典とも言える教えを受けとったとき、身震いがした。これはコーヒーの名を借りた禅ではないか。DOではなくBE、するのではなく成るを待つ。日本人も忘れつつあるこの精神を、たくさんの人と分かち合いたい。

2
できあがりは表面が泡立つバブルが教えてくれる。ただ待てばいい。

3
ククサに注いで焚き火の香りとともに味わおう。まずいはずがない。

4
豆はたっぷりと入れる。想像している以上にたっぷりと入れるのだ。

3

何よりは大切なのは
煮出されるのを待つこと
待つことがすべてを
調和させてくれる

4

作品の中の焚き火

焚き火が印象的に描かれている映画や書籍を集めてみた。
心に残る焚き火の情景をじっくりと味わう時間もいいものだ。

MOVIE

『スタンド・バイ・ミー』

言わずと知れた不朽の名作だ。4人の少年たちが死体探しに出かけて、その道中でさまざまな体験をする話だが、夜は森で火を焚いて野営をする。その焚き火を囲みながら、それぞれの少年が悩みを打ち明けるシーンが印象的だ。焚き火の炎を前に何かを告白するというのは一種のパターンではあるが、これほど似合うシチュエーションも他には見あたらない。誰しも一度くらいは同じような経験を持っているのではないだろうか。たった一晩の焚き火と野営を経て、少年たちは内面的に大きく成長する。

（発売・販売元:
ソニー・ピクチャーズ
エンタテインメント）
Blu-ray:2,619円（税込）／
DVD 1,551円（税込）
※デジタル配信中

『ライトスタッフ』

この映画の焚き火のシーンの使われ方は素晴らしい。ストーリーは、マーキュリー計画というアメリカが当時ソ連と有人宇宙飛行を競い合っていた時代の実話をもとに作られている。軌道周回飛行で地球を飛行している宇宙船が、オーストラリア上空を飛ぶときに地上にいくつもの灯りを確認する。それは地上から彼らの安全を祈るアボリジニの焚く松明（たいまつ）だった。そしてその火の粉が宇宙を舞う蛍のようにも描かれているのが幻想的だ。科学の力を競い誇示する先進国と、ただ火を焚いて祈る先住民との対比が示唆的だ。長い映画だがぜひ観てほしい。

（発売元:ワーナー・ブラザース
ホームエンターテイメント、
販売元:NBCユニバーサル・エンターテイメント）
製作30周年記念版ブルーレイ
2,619円（税込）／
スペシャル・エディションDVD
3,278円（税込）
© 1983 The Ladd Company.
All.rights reserved.

『キャスト・アウェイ』

トム・ハンクス演じる主人公が飛行機事故に遭い、無人島にひとり漂着する。サバイバル能力のない彼は大怪我をしたり、自然の中で窮地に立たされる。そんな中で火熾しに成功する場面が印象的に描かれている。火を手にしたときの喜びはまさに原始のそれであって、生きるスイッチが入った瞬間だった。観ている側も一緒に歓喜の声をあげたくなる。ここに火がなければ、その後の展開も生還もなかっただろう。何が大切なのか、何をすべきが学べるという意味で一見の価値がある。

（発売元: NBCユニバーサル・エンターテイメント）
Blu-ray:2,075円（税込）／
DVD:1,572円（税込）

BOOK

『火を焚きなさい』

詩人、山尾三省の代表作。屋久島に家族と移り住み、原初的な暮らしの実践から生まれたこの詩の存在はあまりにも大きく、現代を生きる我々に警鐘として、希望として響く。力むことなく火を焚く意味を優しく諭すように教えてくれる。詩に浮かぶ情景は人間にとって懐かしいものだ。子どもに火を教えようという原動力になる1冊でもある。人は何を大切に生きるべきか、掲載されている数々の詩が静かに強く教えてくれるだろう。同書にある食パンの歌という詩もぜひ読んでほしい。表紙絵や紙質さえも実にすばらしい。

（山尾三省著／野草社）1,980円（税込）

『火を熾す』

火を熾すことはすなわち生きることだ。火は生きる種だと強く思う。そして火熾しの難しさをあらためて知ることになる。主人公は厳冬の中で火を熾そうとするが、小さな不幸が重なり火を熾すことができない。奢りは焦燥に変わり、やがて絶望へと向かう。ここまでではなくとも、同じように追い込まれた経験は多くの人にあるはずだ。言うまでもなく人間はか弱い生き物だ。いかなる状況下でも自然を敬う気持ちと謙虚さが必要。そして祈る気持ちも忘れてはならない。この小説で、ぜひ主人公の追い込まれた火熾しを追体験してほしい。

（ジャック・ロンドン著、柴田元幸訳／スイッチ・パブリッシング）2,310円（税込）

『アニミズムという希望〔新装〕講演録 琉球大学の五日間』

山尾三省が琉球大学で5日間にわたって学生に講義をした内容が1冊に。この本で焚き火を通して感じていたことや疑問に思っていたことが腑に落ちた。「アニミズム」という思想を多岐にわたってわかりやすく説いていて、森羅万象の中での火の存在が理解できる。縄文の火という章では、毎日囲炉裏で火を焚くのは夜ごとに行われる死の練習だという。人は死んで一握りの骨と灰になるあの火に慣れるために火を焚く。生きるための火と死を迎えるための火、いずれも避けられないものであるのは確かだろう。

（山尾三省著／野草社）2,200円（税込）

『TROLLI HOPP』

北欧ではトロール（妖精）がポピュラーだ。そのトロールである主人公が北極圏のラップランドの大自然の中を旅する物語だ。人形や小物はすべてカメラマンでもある著者の手製で、ラップランドの美しい景色も本物である。主人公はサーミ人を思わせるクラシックな道具を使って難局を乗り越えていく。そこには自然で生き抜くのに何が必要なのかが示されており、アウトドアテクニックを学ぶ教科書でもある。道中ではさまざまな動物に救われたりと、一人では生きていけない仲間の大切さも説いている。シリーズは3部作からなる。日本語訳の出版を強く望む。

（マグナス・エムレン／輸入書）

『よあけ』

おじいさんと孫の、旅の夜から朝にかけての情景を絵本で綴る。1ページごとに描かれた自然の中での時間はまたとない瞬間の連続であることを教えてくれる。そして夜明け前に起き出して水を汲んで火を焚くのだが、この「すこし火をたく」という描写がなんとも言えず暗示的なのだ。自然を前に謙虚さと最小限という慎みの気持ちを持つ。インパクトというような与えるものではなく、いただくものとして描かれている。だから"すこし"なのだ。この後の夜明けの色彩描写には何度も感動する。人の営みと自然のバランスを考える最良のテキストだ。

（ユリー・シュルヴィッツ 作・画、瀬田貞二訳／福音館書店）1,320円（税込）

『ロウソクの科学』

なんと1861年に出版された書籍。イギリスの科学者マイケル・ファラデーが英国王立研究所で子どもたちに向けて講演したものだ。ロウソクになぜ火が灯るのか。あたり前のようで大人でもちゃんと説明できないことを種類や製法、燃焼、生成物質などから科学的に解き明かした。たった1本のロウソクの燃焼が宇宙の法則にまでつながっていくことをあらわし、その後の多くの科学者に影響を与えた1冊。現象を科学の目で観る大切さを教えてくれる。1本のローソクの灯火は焚き火の炎の原点でもある。

（マイケル・ファラデー著、竹内敬人訳／岩波書店）858円（税込）

焚き火の作法

2021年10月12日　第1刷発行

著者　　　　寒川　一
発行人　　　中村公則
編集人　　　滝口勝弘
編集担当　　酒井靖宏
発行所　　　株式会社 学研プラス
　　　　　　〒141-8415
　　　　　　東京都品川区西五反田2-11-8
印刷所　　　大日本印刷株式会社

参考文献

『トコトンやさしい燃焼学の本』(日刊工業新聞社)
『ロウソクの科学』(岩波書店)
『野外生活の知恵と技術』(岳書房)
『[北欧流] 焚火のある暮らし』(原書房)
『自然とつきあう五十章』(森林書房)
『Campsite cooking』(Falcon guides)
『LARS FÄLT』(Vildmarksbiblioteket)
『人間の大地』(光文社)
『火を熾す』(スイッチ・パブリッシング)
『利休形』(世界文化社)
『火を焚きなさい』(野草社)

STAFF

ブックデザイン　牧 良憲
帯イラスト　　　つがおか一孝
撮影　　　　　　見城 了、北原千恵美
撮影協力　　　　アンブラージュインターナショナル、
　　　　　　　　PICA表富士
写真提供　　　　山之内俊明、大社優子
編集協力　　　　渡辺有祐(フィグインク)、原田晶文
校閲　　　　　　フライス・バーン
DTP　　　　　　グレン

[この本に関する各種お問い合わせ先]
●本の内容については、下記サイトのお問い合わせフォームよりお願いします。
　https://gakken-plus.co.jp/contact/
●在庫については　Tel 03-6431-1250(販売部)
●不良品(落丁、乱丁)については　Tel 0570-000577
　学研業務センター　〒354-0045 埼玉県入間郡三芳町上富279-1
●上記以外のお問い合わせは　Tel 0570-056-710(学研グループ総合案内)

学研の書籍・雑誌についての新刊情報・詳細情報は、下記をご覧ください。
学研出版サイト https://hon.gakken.jp/